CONNAISSANCE

DE LA

LANGUE FRANÇAISE,

CONSIDÉRÉE

Sous le Rapport de la Syntaxe.

QUATRIÈME ÉDITION,

Revue, corrigée et augmentée de remarques extraites des ouvrages de Vaugelas, Ménage, Marmontel, d'Olivet, Girard, Pornin, Pons, Domergue, Girault-Duvivier, Boniface, Chapsal, du Manuel des Amateurs de la Langue française, et du Journal grammatical.

PAR F. SAUGER-PRÉNEUF,

Professeur honoraire au Collége Royal de Limoges, Associé-Correspondant de l'Académie Royale des Sciences, Belles-Lettres et Arts de Bordeaux, Auteur de la *Nouvelle Praxigraphie*, et de plusieurs autres ouvrages de Grammaire, à l'usage des Institutions des deux sexes.

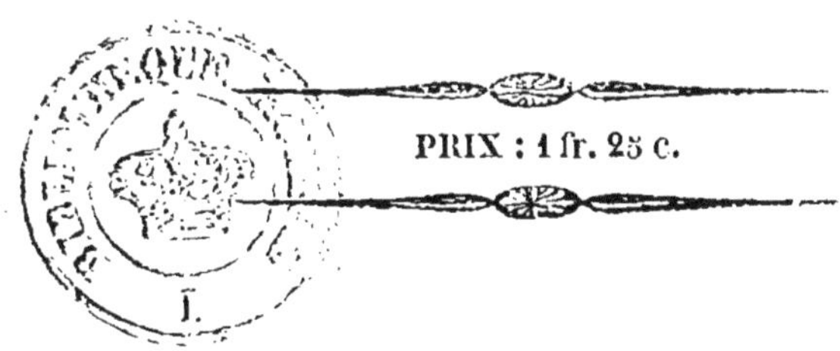

PRIX : 1 fr. 25 c.

A LIMOGES,

CHEZ MARTIAL ARDANT ET FILS, IMP.-LIBRAIRES,

Editeurs, rue des Taules.

1836.

On trouve chez le même Libraire, les Ouvrages suivants du même Auteur.

CONNAISSANCE DE LA LANGUE FRANÇAISE, considérée sous le seul rapport de l'Orthographe; cinquième édition, revue, corrigée et considérablement augmentée; un vol. in-12: 1 fr. 50 c.

PROGRAMME DE QUESTIONS sur la connaissance de la Langue française, considérée sous le rapport de l'Orthographe; un petit vol. in-12: 50 c.

LE PETIT GRAMMAIRIEN, ou Principes de la Grammaire française, mis à la portée du premier âge, et confirmés par des Fables aussi instructives qu'amusantes; quatrième édition, augmentée du Tableau de la prononciation des mots qui offrent le plus de difficultés; un vol. in-12: 1 fr.

NOUVELLE PRAXIGRAPHIE, ou Manuel Théorique et Pratique de l'Orthographe française, contenant outre les Règles nécessaires pour bien orthographier, un Recueil de Dictées (non corrigées) sur toutes les parties du discours depuis le Substantif jusqu'à l'Interjection, et plus particulièrement sur le pluriel des Noms étrangers, des Noms propres et des Noms composés; sur celui des Adjectifs numéraux, sur les Verbes irréguliers, sur les Participes présents, les Adjectifs verbaux et les Participes passés; sur *Tout*, sur *Quelque que*, sur *Même*, etc.

DICTIONNAIRE DES LOCUTIONS VICIEUSES, usitées dans le Midi de la France, et particulièrement dans la ci-devant province du Limousin (ouvrage qui a valu à l'Auteur une médaille d'argent de la part de l'Académie de Bordeaux); un vol. in-12: 2 fr. 50 c.

AVANT-PROPOS.

Ce Traité de Syntaxe, quoique abrégé, renferme, sur la manière de parler et d'écrire correctement, autant de règles qu'une infinité de Grammaires plus étendues.

Nous avons réduit les principes à leur plus simple expression, en ayant soin toutefois que la précision ne nuisît point à la clarté.

Les règles exposées ici sont le développement du Programme que nous avons publié en 1830, et qu'il sera indispensable de se procurer, pour se rendre à soi-même témoignage de ses progrès. On le trouvera, ainsi que tous nos autres Ouvrages de Grammaire, chez M. Ardant et Fils, Imprimeurs-Libraires, rue des Taules.

Plusieurs personnes proscrivent, comme nuisibles à l'avancement, les *Cacologies*, c'est-à-dire, les recueils de phrases où les lois de la Syntaxe sont violées à dessein. Quant à nous, nous les approuvons fort, et l'épreuve que nous en faisons, tous les jours, dans nos cours, nous démontrent de la manière la plus évidente que ce n'est pas seulement le plus sûr, mais bien le seul moyen de se convaincre que les jeunes personnes, loin de retenir uniquement de mémoire leurs leçons, en comprennent le sens, et qu'elles sont en état d'en faire l'application dans leurs compositions.

Les Exercices de MM. Noël et Chapsal et la Cacologie méthodique de M. Munier, sont les ouvrages l[illegible] mieux conçus et les mieux exécutés en ce genre : [illegible] à ceux-là que nous nous attachons particulière[illegible] ce sont aussi ceux que nous recommandons de[illegible] préférablement à tout autre.

OUVRAGES BONS A CONSULTER

Pour se fortifier dans la connaissance de la Syntaxe.

Grammaire de MM. Noël et Chapsal.

Grammaire des Grammaires, par Girault-Duvivier.

Grammaire raisonnée, par Boinvilliers.

Cours de Langue française, par Le Mare.

La Grammaire ramenée à ses principes naturels, par MM. Serreau et Boussi.

Théorie des Participes, par Bescher.

Manuel des Amateurs de la Langue française, par Boniface, Vanier, Balin, etc.

Solutions Grammaticales, par Domergue.

Grammaire française, par Boniface.

Nouvelle Grammaire des Grammaires, par Pons.

Grammaire française, par Le Franc.

Annales de Grammaire, par une société de Grammairiens.

Grammaire nationale, par MM. Bescherelle.

Journal Grammatical.

CONNAISSANCE

DE LA

LANGUE FRANÇAISE,

CONSIDÉRÉE SOUS LE RAPPORT

DE LA SYNTAXE.

LA SYNTAXE est l'art d'être correct dans l'arrangement des mots.

Plusieurs mots arrangés de manière à présenter un sens complet, forment des propositions, des phrases et des périodes.

Une proposition est l'expression d'un jugement. Ex. :

La campagne est agréable ; la terre est ronde.

Une phrase est un assemblage de propositions. Ex. :

Les vertus que l'on pratique dans le silence sont les plus dignes d'estime.

Une période est la réunion de plusieurs propositions liées ensemble par des conjonctions, qui toutes concourent à la même fin. Telle est cette période de Fléchier :

N'attendez pas, Messieurs, que j'ouvre une scène tragique ; que je représente ce grand homme étendu sur ses propres trophées ; que je découvre ce corps pâle et sanglant auprès duquel fume encore la foudre qui l'a frappé ; que je fasse crier son sang comme celui d'Abel, et que j'expose à vos yeux les images de la religion et de la patrie éplorées.

(Oraison funèbre de Turenne.)

Ce qu'il faut considérer dans toute Proposition.

Dans toute proposition, il faut considérer la matière et la forme.

La matière de la proposition que l'on appelle aussi ses éléments, est la réunion des mots qui la constituent, et sans le concours desquels elle cesserait d'exister.

La forme de la proposition résulte de l'arrangement de ces mots entre eux, et des combinaisons infinies qu'ils reçoivent dans le discours, pour exprimer les diverses vues de l'esprit.

§ Ier.

MATIÈRE OU ÉLÉMENTS DE LA PROPOSITION.

Une proposition renferme trois parties essentielles : le SUJET, le VERBE, et l'ATTRIBUT.

I. DU SUJET.

Le sujet est la partie de la proposition à laquelle on attribue une action ou une manière d'être. La réponse à la question QUI EST-CE QUI? pour les personnes, et QU'EST-CE QUI? pour les choses, fait connaître le sujet d'une proposition. Ex. :

Le sage est ménager du temps et des paroles.

La douleur est un siècle, et la mort un moment.

D. Qui est-ce qui est ménager? R. LE SAGE.
D. Qu'est-ce qui est un siècle? R. LA DOULEUR.
D. Qu'est-ce qui est un moment? R. LA MORT.

LE SAGE est donc le sujet de la première proposition ; LA DOULEUR, le sujet de la seconde, et LA MORT, le sujet de la troisième.

DES DIFFÉRENTES SORTES DE SUJETS.

Le sujet d'une proposition est simple ou composé, complexe ou incomplexe.

1. Le sujet est simple, quand il n'exprime qu'une seule chose, ou des choses de même espèce, prises collectivement. Ex. :

L'AME est immortelle.

LES HOMMES sont mortels.

2. Le sujet est composé, lorsqu'il y a plusieurs objets auxquels le verbe se rapporte, auxquels celui qui parle attribue en commun une même action ou une même manière d'être. Ex. :

LA GÉNISSE, LA CHÈVRE ET LEUR SOEUR LA BREBIS
Avec un fier Lion, Seigneur du voisinage,
Firent société, dit-on, au temps jadis,
Et mirent en commun le gain et le dommage.

(La Fontaine.)

3. Le sujet est complexe, lorsqu'il est accompagné de quelques mots qui le modifient ou le déterminent.(1) Ex.:

UN CULTE SANS AMOUR est un stérile hommage,
L'HONNEUR QU'ON REND A DIEU n'admet point de partage.

(Racine le fils.)

4. Le sujet est incomplexe, quand il a par lui-même une signification complète, c'est-à-dire, quand il n'est accompagné d'aucun mot qui le modifie ou le détermine. Ex.:

L'IGNORANCE enfante les préjugés.
LA TEMPÉRANCE entretient la santé.

Le sujet est toujours exprimé ou par un substantif, ou par un pronom, ou par un verbe à l'infinitif, ou par un membre de phrase.

1. *Par un Substantif.*

Les CHRÉTIENS n'ont qu'un DIEU, maître absolu de tout.
De qui le seul vouloir fait tout ce qu'il résout.

(P. Corneille.)

2. *Par un Pronom.*

Le désespoir n'est point d'une ame magnanime;
Souvent IL est faiblesse, et toujours IL est crime.

(Gresset.)

3. *Par un Verbe.*

SAVOIR persévérer en un point nécessaire.

(Morale de l'Enfance.)

4. *Par un membre de Phrase.*

QUE VOUS SOYEZ HEUREUX est mon plus grand désir.

II. DU VERBE.

La fonction du verbe est de lier l'attribut au sujet. C'est la partie de la proposition qui sert à affirmer que la qualité attribuée au sujet lui convient ou ne lui convient pas.

Dans cette proposition :

La vertu est aimable.

Le mot EST lie l'attribut AIMABLE au sujet LA VERTU, il affirme en même temps que cet attribut lui convient.

---

(1) L'article qui précède un substantif employé comme sujet ne rend pas le sujet complexe.

III. DE L'ATTRIBUT.

L'attribut est ce qu'on dit du sujet, c'est la partie de la proposition qui exprime particulièrement la manière d'être du sujet.

DES DIFFÉRENTES SORTES D'ATTRIBUTS.

L'attribut, comme le sujet, est simple ou composé, complexe ou incomplexe.

1. L'attribut est simple, lorsqu'on n'attribue qu'une seule idée au sujet. Ex. :

Dieu est ÉTERNEL ; un ami fidèle est RARE ; le corps est MORTEL.

2. L'attribut est composé, lorsque l'on attribue plusieurs idées au même sujet. Ex. :

Le francais est VIF, ENJOUÉ, IMPATIENT, FRIVOLE, HONNÊTE, POLI, BON, COMPATISSANT, HARDI, COURAGEUX, FIER, VAIN, et extrêmement SUSCEPTIBLE

3. L'attribut est complexe, quand il est accompagné de quelques compléments qui le déterminent.

La crainte du Seigneur est LE COMMENCEMENT DE LA SAGESSE.

4. L'attribut est incomplexe, quand il n'est accompagné d'aucune espèce de complément. Ex. :

L'Italien est VINDICATIF ; l'Espagnol est JALOUX ; le bœuf RUMINE.

L'attribut se trouve quelquefois séparé par le verbe ÊTRE comme dans ces propositions :

L'Anglais est sérieux ; l'aigle est le roi des oiseaux ; le mensonge est odieux.

Quelquefois il ne fait qu'un avec le verbe, comme dans celles-ci :

La terre tourne ; le renard glapit ; le loup hurle.

Où tourne signifie EST TOURNANT ; glapit EST GLAPISSANT et hurle EST HURLANT.

L'attribut, comme le sujet, est énoncé ou par un substantif, ou par un adjectif, ou par un participe, soit présent, soit passé, ou par un infinitif, ou par un pronom, ou par un membre de phrase.

1. *Par un Substantif.*

Dérober est un CRIME.

2. *Par un Adjectif.*

La vertu est HEUREUSE même dans les fers.

3. *Par un Participe présent.*

Le printemps renaît, (EST RENAISSANT.)

4. *Par un Participe passé.*

L'enfant sage est BÉNI de Dieu.

5. *Par un Membre de Phrase.*

Mon plus grand déplaisir est QUE VOUS VOUS ACQUITTEZ NÉGLIGEMMENT DE VOS DEVOIRS.

DES COMPLÉMENTS.

Les éléments de la proposition, c'est-à-dire, le sujet, le verbe et l'attribut, ont souvent besoin de quelques développements, pour qu'il ne reste aucune obscurité dans le discours. Ces développements s'appellent compléments.

Le complément est donc un mot ou la réunion de plusieurs mots servant à achever, à compléter le sens d'un ou de plusieurs mots qui font attendre quelque chose, et laissent l'esprit de celui qui lit ou qui écoute dans une suspension pénible, jusqu'à ce que les mots nécessaires à l'achèvement de la pensée soient tous exprimés.

Si quelqu'un, en effet, dit : JE VIENS de, JE VAIS à, JE LIS un, J'AI ACHETÉ des, l'esprit n'est pas satisfait, il attend quelque chose de plus qui achève, qui finisse, qui complète le sens de l'idée que l'on veut exprimer. Mais si la même personne dit : je viens de PARIS, je vais à LYON, je lis un SERMON DE MASSILLON, j'ai acheté des LIVRES PRÉCIEUX, l'esprit n'a plus rien à désirer. PARIS, LYON, SERMON, LIVRES PRÉCIEUX, complètent le sens vague, indéterminé qu'offraient les premiers mots.

Ce sont donc des compléments.

Les mots susceptibles de compléments sont :

Le substantif, L'ASTRE DU JOUR,
L'adjectif, CONFORME A LA LOI.
Le verbe, AIMONS LA VERTU.
Le participe, RAVAGEANT LES CAMPAGNES.
La préposition, A PARIS, DE LYON, AVEC AMITIÉ.

Les compléments des verbes sont directs ou indirects.

Le complément direct est celui qui n'est précédé d'aucune préposition exprimée ni sous-entendue. Il répond à la question QUI, pour les personnes, et à la question QUOI, pour les choses. Ex. :

Gardez-vous bien, mon cher fils, de chercher LA GLOIRE avec trop d'impatience; le vrai moyen de LA trouver est d'attendre tranquillement L'OCCASION FAVORABLE.

(*Télémaque.*)

Vous est le complément de gardez; LA GLOIRE est celui de chercher; LA, celui de trouver, et L'OCCASION FAVORABLE celui d'attendre.

Le complément indirect est celui qui est précédé d'une préposition exprimée ou sous-entendue. Il répond à l'une des questions suivantes placées avant ou après le verbe: A QUI? DE QUI? POUR QUI? PAR QUI? AVEC QUI? pour les personnes, et à l'une des questions A QUOI? DE QUOI? POUR QUOI? PAR QUOI? AVEC QUOI? pour les choses.

Outre les compléments dont nous venons de parler, il y en a encore d'autres qui désignent la manière, le lieu, le temps, le motif, etc. Ces sortes de compléments se nomment circonstanciels. Ils répondent à l'une des questions: QUAND? OU? COMBIEN DE TEMPS? POUR QUEL MOTIF? Ex.:

Homère et Virgile vivront ETERNELLEMENT dans la mémoire des hommes de goût.

Alexandre est mort A TRENTE-DEUX ANS, des suites de la débauche.

La nature reverdit AU PRINTEMPS.

Les mots ETERNELLEMENT, A TRENTE-DEUX ANS, AU PRINTEMPS, sont des compléments circonstanciels. Le premier indique la manière; les deux autres indiquent le temps.

Quelques grammairiens nomment ces sortes de compléments, compléments éloignés, parce qu'en effet, on peut les détacher de la phrase, sans nuire au sens grammatical; les autres, par opposition, sont appelés compléments prochains.

Seigneur, DANS TA GLOIRE ADORABLE
Quel mortel est digne d'entrer?
Qui pourra, grand Dieu, pénétrer
CE SANCTUAIRE IMPÉNÉTRABLE,
Où tes Saints inclinés D'UN OEIL RESPECTUEUX,
Contemplent DE TON FRONT L'ECLAT MAJESTUEUX?

(*J.-B. Rousseau.*)

Les mots DANS TA GLOIRE ADORABLE, CE SANCTUAIRE IMPÉNÉTRABLE, DE TON FRONT L'ECLAT MAJESTUEUX, sont des compléments prochains, et D'UN OEIL RESPECTUEUX est un complément éloigné.

§ II.

FORME DE LA PROPOSITION.

ON DISTINGUE CINQ ESPÈCES DE PROPOSITIONS.

1. La proposition principale.
2. La proposition incidente.
3. La proposition impérative.
4. La proposition interrogative.
5. La proposition subordonnée.

1. La proposition PRINCIPALE est celle qui renferme ce que l'on veut particulièrement exprimer, ou l'objet principal de la pensée.

Il y a deux sortes de propositions principales : la proposition PRINCIPALE ABSOLUE, et la proposition PRINCIPALE RELATIVE.

La proposition PRINCIPALE ABSOLUE est celle qui a par elle-même, un sens complet. La proposition PRINCIPALE RELATIVE est celle qui est liée à une proposition principale absolue pour en développer le sens. Ex.

Dieu existe : tous les peuples reconnaissent son existence, lors même qu'ils vivent dans l'état sauvage.

La proposition DIEU EXISTE est principale, parce qu'elle renferme le sens principal de la phrase ; elle est ABSOLUE, parce qu'elle a par elle-même un sens complet.

Dans le reste de la phrase, *tous les peuples reconnaissent son existence, lors même qu'ils vivent dans l'état sauvage*; la proposition *tous les peuples reconnaissent son existence* est PRINCIPALE, parce qu'elle renferme le sens principal de ce reste de phrase ; elle est RELATIVE, parce qu'elle est liée à la proposition principale absolue, DIEU EXISTE, pour en développer le sens.

2. La proposition INCIDENTE est celle qui est liée à la proposition principale par les pronoms relatifs QUI, QUE DONT, OU, ou par une conjonction. Ex. :

Alexandre, qui était fils de Philippe, vainquit Darius, roi de Perse.

Ici, il y a deux propositions. ALEXANDRE VAINQUIT DARIUS, ROI DE PERSE, est la PRINCIPALE ; QUI ÉTAIT FILS DE PHILIPPE, est L'INCIDENTE.

Parmi les propositions INCIDENTES, les unes sont EXPLICATIVES, les autres sont DÉTERMINATIVES.

La proposition INCIDENTE EXPLICATIVE est celle qui [...] se détacher de la proposition PRINCIPALE, sans nu[...]ement, sens grammatical ; elle contribue au sens total de la [...] que l'on veut exprimer. Ex. :

La science, que Cicéron appelle la nourriture de l'ame, es[t] [...] de toutes les conditions de la vie.

Je puis détacher la proposition INCIDENTE, QUE CICÉRON APPELLE LA NOURRITURE DE L'AME, et le sens de ma proposition PRINCIPALE ne sera nullement altéré.

La proposition INCIDENTE DÉTERMINATIVE est celle qui tient à la proposition PRINCIPALE d'une manière indivisible. On ne peut l'en détacher, sans nuire à l'énonciation totale des idées qu'on a dans l'esprit. Ex. :

Tout arbre qui ne portera point de fruit sera coupé et jeté au feu.

Si je retranche la proposition INCIDENTE, QUI NE PORTERA POINT DE FRUIT, la proposition PRINCIPALE, TOUT ARBRE SERA COUPÉ ET JETÉ AU FEU ne forme plus qu'un sens absurde; ma pensée n'est plus la même, elle est plus qu'altérée; elle est entièrement dénaturée.

La proposition IMPÉRATIVE est celle qui exprime un ordre une défense, une prière, une exhortation. Ex. :

Descends du haut des cieux, auguste Vérité,
Répands sur mes écrits la force et la clarté.

(*Voltaire, Henriade.*)

La proposition est INTERROGATIVE, quand on interroge, quand on fait une question. Ex. :

Quelle autre voix que celle de la providence a pu dire aux vagues agitées : vous viendrez jusque-là, et vous briserez l'impétuosité de vos flots ?

La proposition SUBORDONNÉE est celle qui dépend tellement d'une proposition antécédente, qu'elle ne peut en être détachée, sans cesser de former un sens. Ex. :

Il semble que de tout temps la vérité ait eu peur de se montrer aux hommes, et que les hommes aient eu peur de la vérité.

(*La Harpe.*)

Séparez des mots IL SEMBLE QUE DE TOUT TEMPS, et les mots suivants, il n'y a plus de sens.

Toutes les propositions qui viennent à la suite d'une conjonction qui exige le subjonctif, sont des propositions SUBORDONNÉES.

La proposition considérée relativement à la totalité des parties qui entrent dans sa composition est pleine, elliptique ou implicite. --

La proposition est pleine, lorsque l'esprit n'a besoin, pour en entendre le sens que des mots qui sont énoncés. Ex. :

Valois plein d'espérance, et fort d'un tel appui,
ne au soldat l'exemple, et le reçoit de lui.

(*Voltaire.*)

L[illegible]roposition ELLIPTIQUE est celle où quelqu'une NÉTR[illegible]ies constitutives de la proposition est sous-en-comp[illegible]x. :

compl[illegible]s devoirs, mes vœux, mon espérance.

Ici, le verbe est sous-entendu. Il faut pour que la proposition soit pleine, dire :

Ce sont là mes devoirs, ce sont mes vœux, c'est mon espérance.

Toutes les propositions énoncées par un verbe à l'impératif sont autant de propositions ELLIPTIQUES. Ex. :

Mes enfants, des vieillards, honorez la présence ;
Prodiguez-leur toujours vos respects et vos soins ;
Croyez à leurs avis, à leur expérience ;
Ils savent mieux que vous quels sont vos vrais besoins.

(Morale de l'Enfance.)

Dans cet exemple, le sujet vous est sous-entendu : vous, mes enfants, honorez la présence des vieillards;

Vous, prodiguez-leur vos respects et vos soins; vous, croyez à leurs avis, à leur expérience.

La proposition IMPLICITE est celle qui renferme en elle-même le sujet, le verbe et l'attribut, sans cependant qu'aucune de ces parties soit exprimée.

Les interjections forment des propositions IMPLICITES; car toutes expriment un sentiment ou de joie, ou de douleur, ou d'aversion.

Les mots OUI et NON forment aussi des propositions IMPLICITES.

Voyez-vous dans le lointain ces montagnes sourcilleuses d'où jaillissent ces fleuves qui fertilisent nos campagnes ? NON ;

C'est-à-dire, JE NE VOIS PAS CES MONTAGNES.

PROPOSITION-PHRASE.

On a coutume de confondre le mot PROPOSITION avec le mot PHRASE, c'est une erreur. Ces deux mots présentent un sens tout-à-fait différent. Dans la PROPOSITION, on a égard aux éléments nécessaires à l'expression de la pensée; dans la PHRASE, on considère la manière de rendre cette même pensée. Ainsi dans l'exemple suivant : J'ÉCRIRAI, LA SEMAINE, PROCHAINE, A VOTRE PÈRE. Que l'on dise, LA SEMAINE PROCHAINE, J'ÉCRIRAI A VOTRE PÈRE, OU J'ÉCRIRAI A VOTRE PÈRE, LA SEMAINE PROCHAINE, il n'y a qu'une proposition ; mais il y a trois phrases différentes, puisque la pensée est exprimée de trois manières différentes.

PLACE DU SUJET.

Tout verbe a un sujet. Ce sujet le précède ordinairement, comme dans ces exemples :

La terre se couvre de verdure.
César pardonna à Cinna.

Il est cependant plusieurs circonstances où le sujet se place après le verbe.

1. Quand on interroge :

Que fait votre frère? Quand naquit J.-C.?

2. Quand on exprime un désir, ou qu'on forme un vœu :

Périsse à jamais le méchant qui accable l'innocent sans défense !
Puissions-nous nous glorifier un jour de vos succès !

3. Dans la phrase où l'on rapporte la citation d'un auteur :

Les sciences et les lettres, disait Cicéron, sont l'aliment de la jeunesse et l'amusement de la vieillesse.

4. Après tel, ainsi :

Tel était son avis.
Ainsi mourut ce prince.

5. Après les mots *aussi*, *à moins*, *à peine* , *en vain*, *peut-être*:

A peine fut-il arrivé qu'il tomba malade.
En vain prétendez-vous réussir, sans travailler.
Vous perdez votre temps; aussi vous en répentirez-vous un jour.

On peut dire aussi :

A peine il fut arrivé qu'il tomba malade.
Vous prétendez en vain réussir, sans travailler.

Mais cette tournure a moins de grace et d'énergie.

6. Quand le verbe est suivi de plusieurs mots qui en dépendent.

D'un côté, on voyait une rivière où se formaient des îles bordées de tilleuls fleuris et de hauts peupliers.

(Fénelon.)

Déjà prenait l'essor pour se sauver vers les montagnes, cet aigle dont le vol hardi avait d'abord effrayé nos provinces.

(Bossuet.)

O nuit désastreuse ! ô nuit effroyable, où retentit tout à coup, comme un éclat de tonnerre, cette étonnante nouvelle : Madame se meurt, Madame est morte.

(Le même.)

Que l'on mette le sujet avant le verbe, et que l'on dise :

D'un côté, on voyait une rivière où des îles bordées de tilleuls fleuris et de hauts peupliers se formaient.

Déja cet aigle dont le vol hardi avait effrayé nos provinces prenait l'essort pour se sauver vers nos montagnes.

Ces phrases seront traînantes et sans grace.

EMPLOI DES COMPLÉMENTS.

PREMIÈRE RÈGLE. Un même mot ne peut servir de complément à des verbes qui exigent des compléments différents.

On dira bien :

Le général attaqua et prit la ville

Parce que ATTAQUER et PRENDRE veulent tous deux un complément direct. Mais on ne dirait pas bien :

Le général attaqua et s'empara de la ville.

Parce que ATTAQUER veut un complément direct, tandis que S'EMPARER veut un complément précédé de la préposition *de*.

Pour rendre cette phrase correcte, il faut dire :

Le général attaqua la ville, et s'en empara.

PHRASES

VICIEUSES.	CORRECTES.
C'est par la vertu qu'on chérit, et qu'on tient à ses devoirs sans effort.	C'est par la vertu qu'on chérit ses devoirs, et qu'on y tient sans effort.
Je puis prévoir et répondre facilement à vos objections.	Je puis prévoir vos objections, et y répondre.
J'ai horreur, et je déteste la mauvaise foi.	J'ai horreur de la mauvaise foi, et je la déteste.
Montézuma régnait sur les Mexicains, lorsque Fernand-Cortez attaqua et fit la conquête du Mexique, en 1518.	Montézuma regnait sur les Mexicains, lorsque Fernand-Cortez attaqua le Mexique, et en fit la conquête en 1518.

REMARQUE. Ce que nous venons de dire des compléments des verbes peut aussi s'appliquer aux compléments des adjectifs.

Ainsi au lieu de dire :

Je fus très-sensible et très-mécontent de ce procédé.

On dira :

Je fus très-sensible à ce procédé, et j'en fus très-mécontent.

Parce que SENSIBLE veut un complément précédé de la préposition A, et MÉCONTENT, un complément précédé de la préposition DE.

PHRASES

VICIEUSES.	CORRECTES.
Aristide fut utile et chéri de ses concitoyens.	Aristide fut utile à ses concitoyens, et en fut chéri.
Cet homme paraît digne et propre à bien remplir la place qu'on lui a confiée.	Cet homme paraît digne de la place qu'on lui a confiée, et propre à la remplir.
Ne me plains pas, mon ami, je suis supérieur, et plus heureux que ceux qui me condamnent, aujourd'hui, à mourir.	Ne me plains pas, mon ami, je suis supérieur à ceux qui me condamnent, aujourd'hui, à mourir, et plus heureux qu'eux.

2e Règle. Lorsqu'un même verbe a plusieurs compléments particuliers réunis ensemble par une conjonction, ceux-ci doivent être exprimés par des mots de même espèce, c'est-à-dire, par des substantifs, par des verbes ou par des conjonctions. De là, les constructions suivantes sont incorrectes :

	Il faut dire :
Il aime le jeu et à danser.	Il aime le jeu et la danse.
Il se plaît au spectacle et à se promener.	Il se plaît au spectacle et à la promenade.
St. Louis aimait la justice, et à chanter les louanges de Dieu.	St. Louis aimait à rendre la justice, et à chanter les louanges de Dieu.
Il n'est pas nécessaire d'apprendre à tirer de l'arc ni le maniement du javelot.	Il n'est pas nécessaire d'apprendre à tirer de l'arc ni à manier le javelot.
Je crois vos raisons bonnes, et que vous le convaincrez.	Je crois que vos raisons sont bonnes et que vous le convaincrez.
Croyez - la vertu préférable aux richesses, et que Dieu récompensera ceux qui la pratiquent.	Croyez que la vertu est préférable aux richesses, et que Dieu récompensera ceux qui la pratiquent.

3e Règle. Lorsqu'un verbe a plusieurs compléments, les plus courts doivent être énoncés les premiers.

On doit dire :	Et non :
Le temps seul offre au génie des hommages et des partisans.	Le temps seul offre des hommages et des partisans au génie.
Nous avons mis à la poste la lettre que nous avons écrite au ministre.	Nous avons mis la lettre que nous avons écrite au ministre à la poste.
Il faut opposer un maintien stoïque aux propos et aux injures des méchants.	Il faut opposer aux propos et aux injures des méchants, un maintien stoïque.

Si les compléments sont d'égale longueur, le complément direct doit être énoncé le premier. Ex. :

Il faut prêcher la nonchalance aux turbulents, et la diligence aux nonchalants.

4ᵉ Règle. Le sens de la phrase offre-t-il une équivoque, il faut pour l'éviter, donner la première place au complément indirect, quoique aussi long, et même plus long que le complément direct. On doit dire :

Le physicien arrache à la nature tous ses secrets.

Si l'on disait :

Le physicien arrache tous ses secrets à la nature.

On ne saurait pas si ce sont les secrets du physicien, ou ceux de la nature.

ORDRE DE LA PHRASE.

Tout ce qui modifie ou détermine, doit être placé immédiatement après ce qui est modifié ou déterminé. On doit dire :

L'étude des belles-lettres est agréable.

Et non :

L'étude est agréable des belles-lettres.

Parce que le verbe EST et l'attribut AGRÉABLE se disent de tout le sujet, et non du mot principal du sujet qui est le nom ÉTUDE.

Qu'est-ce qui est AGRÉABLE ? Ce n'est pas l'ÉTUDE, en général, c'est une étude en particulier : L'ÉTUDE DES BELLES-LETTRES.

PHRASES

Vicieuses.	Correctes.
On voit des gens qui commettent avec beaucoup d'esprit de très-grandes fautes.	On voit des gens qui, avec beaucoup d'esprit, commettent de très-grandes fautes.
Les Maîtres qui grondent toujours ceux qui les servent avec emportement, sont les plus mal servis.	Les maîtres qui grondent toujours avec emportement ceux qui les servent, sont les plus mal servis.
Croyez-vous pouvoir ramener ces esprits égarés par la douceur ?	Croyez-vous pouvoir ramener par la douceur ces esprits égarés ?
Ce jeune homme écrivit un libelle contre son maître, et employa les avantages qu'il en avait reçus pour l'offenser.	Ce jeune homme écrivit un libelle contre son maître, et se servit, pour l'offenser, des avantages qu'il en avait reçus.

Le grand principe qu'il faut suivre dans la composition des phrases, c'est la liaison des idées; ensuite vient le jugement de l'oreille.

De la proposition considérée grammaticalement et de la proposition considérée logiquement.

On peut considérer une proposition ou grammaticalement ou logiquement. Quand on considère une proposition grammaticalement, on n'a égard qu'aux rapports réciproques qui sont entre les mots; au lieu que dans la proposition logique, on a égard au sens total qui résulte de l'assemblage des mots.

Dans cet exemple tiré des études de la nature :

Le sureau qui vient au milieu des gazons, a ses tiges d'un gris cendré; mais l'hièble, qui lui ressemble d'ailleurs en tout, et qui naît immédiatement sur la terre, a les siennes toutes vertes.

(Bernardin-de-St-Pierre.)

Si l'on considère d'une manière logique le premier membre de la phrase, il n'y a qu'une seule proposition, et il y en a deux, si on la considère d'une manière grammaticale.

LE SUREAU QUI VIENT AU MILIEU DES GAZONS, sujet logique;
A SES TIGES D'UN GRIS CENDRÉ, attribut.
LE SUREAU, sujet grammatical; (1).
A (pour est ayant) verbe et attribut.

QUI VIENT AU MILIEU DES GAZONS est une proposition INCIDENTE DÉTERMINATIVE de la proposition PRINCIPALE qui précède, dont QUI est le sujet, et VIENT AU MILIEU DES GAZONS est l'attribut.

Il en est de même du reste de l'exemple.

Remarques essentielles pour bien faire l'analyse des propositions.

1. Quand on veut faire l'analyse d'une proposition, on doit d'abord la lire entièrement, et s'il y a quelques mots sous-entendus, le sens doit aider à les suppléer.

2. Dans les propositions pleines, il faut commencer par le sujet de la proposition, et ce sujet est toujours, comme nous l'avons vu, ou un substantif, ou un pronom, ou un verbe à l'infinitif, ou un sens total exprimé par plusieurs mots.

3. Lorsque les propositions sont incidentes, et qu'elles forment des périodes, on commence par les conjonctions

(1) Le sujet GRAMMATICAL est le sujet réduit à sa plus simple expression. Le sujet LOGIQUE est le sujet acccompagné de tous les mots qui servent à l'expliquer ou à le déterminer. Il en est de même de l'attribut qui est aussi grammatical ou logique, selon la manière dont on l'analyse.

que l'on met à part, et l'on examine ensuite chaque proposition séparément.

4. Il faut diviser d'abord la proposition en sujet et en attribut le plus simplement qu'il est possible. Après quoi, il faut ajouter au sujet chaque mot qui y a rapport ; ensuite passer à l'attribut, en commençant par le verbe, et ajoutant chaque mot qui y a rapport selon l'ordre le plus simple, et selon les déterminations que les mots se donnent successivement.

S'il y a quelques compléments ou quelque proposition incidente qui ajoute à la proposition principale une circonstance de temps, de lieu, de manière, ou toute autre; après avoir fait l'analyse de cette proposition, et après avoir connu la raison de la modification qu'elle a, on peut la placer au commencement ou à la fin de la phrase, selon que cela paraîtra plus simple ou plus naturel.

MODÈLE

D'ANALYSE LOGIQUE.

PREMIER EXEMPLE.

Le mensonge est odieux.

Cette proposition est affirmative; elle exprime que l'attribut ODIEUX convient au sujet MENSONGE.

LE MENSONGE est un sujet simple, parce qu'il ne désigne qu'une seule chose. Il est incomplexe. parce qu'il n'a point de complément. Le verbe est EST ; l'attribut est ODIEUX. Il est simple, parce qu'il n'exprime qu'une seule manière d'être du sujet; il est incomplexe, parce qu'il n'a point de complément.

DEUXIÈME EXEMPLE.

Marius et Sylla ont été le fleau de l'humanité.

Cette proposition est affirmative, comme la précédente. Le sujet est MARIUS et SYLLA. Il est composé, parce qu'il exprime deux êtres différents. Il est incomplexe, parce qu'il n'a point de complément. Le verbe est ONT ÉTÉ; l'attribut est LE FLÉAU DE L'HUMANITÉ. Il est simple, parce qu'il n'exprime qu'une seule manière d'être du sujet. Il est complexe, à cause du complément DE L'HUMANITÉ.

TROISIÈME EXEMPLE.

Le français est vif, enjoué, impatient, frivole.

Cette proposition est affirmative. (1) LE FRANÇAIS est le sujet. Il est simple, parce qu'il ne désigne qu'un seul être, qu'un seul objet. Il est incomplexe, parce qu'il n'est suivi d'aucun complément. Le verbe est EST; l'attribut est VIF, ENJOUÉ, IMPATIENT, FRIVOLE. Il est composé, parce qu'il exprime plusieurs manières d'être du sujet. Il est incomplexe, parce qu'il n'est suivi d'aucun complément.

QUATRIÈME EXEMPLE.

La science que Cicéron appelle la nourriture de l'ame, est l'ornement de toutes les conditions de la vie.

Il y a ici deux propositions : une PRINCIPALE et une INCIDENTE. La proposition principale est LA SCIENCE EST L'ORNEMENT DE TOUTES LES CONDITIONS DE LA VIE; la proposition incidente est QUE CICÉRON APPELLE LA NOURRITURE DE L'AME : elle est INCIDENTE EXPLICATIVE, parce qu'elle contribue au développement de la pensée, sans en restreindre le sens; on peut la détacher de la proposition principale, sans que le sens total soit altéré. (2)

Première Proposition.

La science est l'ornement de toutes les conditions de la vie.

LA SCIENCE est le sujet. Il est simple, parce qu'il n'exprime qu'une seule chose. Il est incomplexe, parce qu'il n'est suivi d'aucun complément.

EST est le verbe. L'ORNEMENT est l'attribut. Il est simple parce qu'il ne désigne qu'une seule manière d'être du sujet. Il est complexe, à cause du complément DE TOUTES LES CONDITIONS DE LA VIE.

2e *Proposition.*

Que Cicéron appelle la nourriture de l'ame.

CICÉRON est le sujet. Il est simple, parce qu'il n'exprime

(1) La proposition devient négative, lorsque le verbe est modifié par un adverbe de négation, comme PAS et POINT.

(2) Les propositions incidentes explicatives, se placent toujours entre deux virgules.

qu'un seul être, un seul objet. APPELLE pour EST APPELANT. EST est le verbe; APPELANT est l'attribut. Il est simple, parce qu'il ne désigne qu'une seule manière d'être du sujet. Il est complexe, parce qu'il est suivi du complément QUE, rappelant la science, et des mots LA NOURRITURE DE L'AME.

CINQUIÈME EXEMPLE.

Les maux que nous plaignons adoucissent les nôtres.

Il y a deux propositions: une PRINCIPALE et une INCIDENTE. La proposition PRINCIPALE est LES MAUX ADOUCISSENT LES NÔTRES. La proposition INCIDENTE est QUE NOUS PLAIGNONS. Elle est incidente DÉTERMINATIVE, parce qu'elle est liée au sujet LES MAUX d'une manière inséparable. Elle est tellement nécessaire au sens de la phrase qu'on ne peut l'en détacher, sans qu'il soit totalement dénaturé; car il ne s'agit pas seulement des MAUX en général, mais de ceux QUE NOUS PLAIGNONS.

Première Proposition.

Les maux adoucissent les nôtres.

Le sujet est LES MAUX. Il est simple, parce qu'il n'exprime que des choses de même espèce, prises collectivement, ADOUCISSENT pour SONT ADOUCISSANT. SONT est le verbe; ADOUCISSANT est l'attribut. Il est simple, parce qu'il ne désigne qu'une seule manière d'être du sujet; il est complexe à cause du complément LES NÔTRES.

2e *Proposition.*

Que nous plaignons.

Le sujet est NOUS. Il est simple, parce qu'il n'exprime que des êtres de même espèce, pris collectivement. PLAIGNONS pour SOMMES PLAIGNANT. PLAIGNANT est l'attribut; il est simple, parce qu'il ne désigne qu'une seule manière d'être du sujet; il est complexe, à cause du complément QUE.

SIXIÈME EXEMPLE.

Qui appelle-t-on? De quoi vous occupez vous? D'où dépend le bonheur?

Ces trois propositions sont interrogatives. ON est le sujet de la première. Il est simple, parce qu'il n'exprime qu'un seul être pris d'une manière générale. APPELLE pour est APPELANT. L'attribut est APPELANT; il est simple, parce qu'il n'exprime qu'une seule manière d'être du sujet. Il est complexe, à cause du complément QUI.

Analysez de la même manière les deux autres propositions.

SEPTIÈME EXEMPLE.

Je désire que vous soyez heureux.

Cet exemple présente deux sortes de propositions : une PRINCIPALE et une SUBORDONNÉE La proposition PRINCIPALE est JE DÉSIRE; la proposition SUBORDONNÉE est QUE VOUS SOYEZ HEUREUX. Elle est subordonnée, parce qu'elle tient tellement à la première que, détachée, elle ne présente qu'un sens vague et indéterminé.

Première Proposition.

Je désire.

JE est le sujet. Il est simple, parce qu'il n'exprime qu'un seul être, un seul objet. DÉSIRE pour SUIS DÉSIRANT. L'attribut est DÉSIRANT; il est simple, parce qu'il ne désigne qu'une seule manière d'être du sujet; il est complexe, à cause de la proposition suivante qui lui sert de complément.

2e *Proposition.*

Que vous soyez heureux.

Le sujet est VOUS, il est simple, parce qu'il n'exprime qu'un seul être, un seul objet. SOYEZ est le verbe. HEUREUX est l'attribut. Il est simple, parce qu'il ne désigne qu'une seule manière d'être du sujet, il est incomplexe, parce qu'il n'est suivi d'aucun complément.

HUITIÈME EXEMPLE.

Est bien fou qui prétend contenter tout le monde.

C'est-à-dire, L'HOMME OU CELUI qui prétend contenter tout le monde EST BIEN FOU. Ici, le sujet est sous-entendu.

Nulle pitié pour le coupable.

C'est-à-dire, nulle pitié n'EST pour le coupable. Ici, le verbe est sous-entendu.

La mer Caspienne est en Asie.

C'est-à-dire, est SITUÉE en Asie. Ici, l'attribut est sous-entendu.

Quand serez-vous sage? Toujours.

C'est-à-dire, JE SERAI toujours SAGE. Ici, le sujet, le verbe et l'attribut sont sous-entendus.

Toutes ces propositions sont elliptiques, et faciles à analyser, d'après le modèle des propositions précédentes.

Les élèves trouveront à s'exercer davantage, en étudiant le traité d'analyse logique de MM. Noël et Chapsal.

CHAPITRE PREMIER.

DE L'ARTICLE OU ADJECTIF DÉTERMINATIF.

Usage de l'article.

La fonction de l'article est de faire prendre le substantif qu'il précède dans toute l'étendue de sa signification, ou dans une acception particulière.

1. Le substantif précédé de l'article est pris dans toute l'étendue de sa signification, lorsque l'idée qu'il exprime est présentée dans toute l'universalité qui peut lui convenir.

L'homme est mortel.

Ici, l'homme est pris dans toute l'étendue de sa signification. L'HOMME signifie TOUS LES HOMMES EN GÉNÉRAL.

2. Le substantif précédé de l'article est pris dans une acception particulière, lorsque l'idée qu'il présente ne peut s'appliquer qu'à un seul individu ou à plusieurs des individus compris dans l'idée générale. On a besoin pour cela, dit l'abbé d'Olivet, d'une restriction tacite ou exprimée.

Tacite, comme, lorsque étant en France, on dit :

Le roi a péri victime des fureurs populaires.

Il n'est personne qui ne voie sur-le-champ qu'on veut parler de Louis XVI.

Exprimée par un adjectif qualificatif joint au substantif. Ex. :

Les enfants studieux sont aimés de leurs maîtres.

Ou par une proposition incidente liée à la principale par un pronom relatif. Ex. :

L'eau qui court est plus saine que l'eau qui dort.

Répétition de l'article.

PREMIÈRE RÈGLE. Lorsque plusieurs substantifs employés dans un sens déterminé sont placés de suite, on répète l'article avant chacun de ces substantifs. Ex. :

LA fraude, LA violence, LE parjure, LES procès, LES guerres ne fon jamais entendre leurs voix cruelles et empestées dans ce pays chéri des dieux.

(*Fénelon.*)

L'esprit, LE cœur, LES mœurs, tout gagne à la culture.

2e RÈGLE. Un substantif est-il construit avec plusieurs adjectifs exprimant des qualités opposées qui ne peuvent convenir au même objet, il faut répéter encore l'article devant chacun de ces adjectifs, on dit :

LE bon et LE mauvais vin ; LES vieux et LES nouveaux soldats ; L'histoire ancienne et LA moderne.

Parce que les adjectifs expriment des qualités qui ne conviennent pas au même objet. En effet, le même vin ne peut être tout à la fois BON et MAUVAIS ; les soldats VIEUX et NOUVEAUX ; l'histoire ANCIENNE et MODERNE. Mais on dira sans répéter l'article :

LE vertueux et éloquent orateur que vous avez entendu.

LES actions belles et brillantes que vous avez faites.

LE sage et pieux Fénelon est encore admiré de nos jours.

Parce qu'ici les adjectifs se rapportent à des substantifs auxquels conviennent les mêmes qualités.

En effet, un orateur peut être à la fois VERTUEUX et ÉLOQUENT ; des actions peuvent être à la fois BELLES et BRILLANTES.

Suppression de l'article.

PREMIÈRE RÈGLE. Veut-on présenter un objet sous un point de vue général, indéfini, on doit supprimer l'article. Ainsi l'on écrira :

Parler avec éloquence ; se conduire avec sagesse ; agir avec prudence.

Parce qu'on ne veut parler d'aucune espèce d'éloquence, d'aucune espèce de sagesse, ni d'aucune espèce de prudence en particulier.

DEUXIÈME RÈGLE. On supprime l'article devant le substantif précédé de quelqu'un de ces mots BEAUCOUP, SORTE, ESPÈCE, TANT, AUTANT, MOINS, PLUS, PAS, POINT, parce que la nature de ces mots est de présenter les objets d'une manière indéterminée. On dit :

Beaucoup de mémoire, peu de ressources, etc.

L'adverbe BIEN forme une exception à cette règle. On dit avec l'article :

Bien du talent, bien des livres.

TROISIÈME RÈGLE. Lorsqu'un substantif est pris dans un sens partitif, ou qu'il est précédé de son adjectif, au lieu de l'article composé DU ou DES, on met simplement DE devant le substantif : Ex. :

DE bon pain, DE bonne viande, DE belles fleurs, D'excellents fruits.

Si l'adjectif était après le substantif, on mettrait DU ou DES au lieu de DE : Ex. :

DU pain blanc, DU vin exquis, DES fruits mûrs, DES femmes âgées.

Cette règle souffre quelques exceptions; c'est lorsque l'adjectif et le substantif sont tellement liés par le sens, qu'ils cessent de faire deux mots à part. Boileau a dit :

Heureux, si de son temps pour de bonnes raisons,
La Macédoine eût eu DES PETITES-MAISONS.

On dit encore :

DES belles-lettres, DES honnêtes gens, DES petits pois, DES petits pâtés, DES petits maîtres, DES petites maîtresses, DES bons mots, DES jeunes gens.

QUATRIÈME RÈGLE. On ne met point d'article devant les noms propres, parce que la nature de ces mots est assez déterminée.

Alexandre, César, Pompée, furent de grands capitaines.

Si l'on met quelquefois l'article devant les noms propres, c'est qu'alors ces noms propres sont employés comme des noms communs.

J'ai lu chez un conteur de fables,
Qu'un certain Rodilard, l'ALEXANDRE des chats,
L'ATTILA, le fléau des rats,
Rendait ces derniers misérables.

(La Fontaine.)

Quelques noms propres prennent encore l'article, comme LA FRANCE, L'ESPAGNE, LA BOURGOGNE, LE LIMOUSIN, LE TASSE, LE TITIEN. Dans ce cas, on sous-entend les substantifs communs, CONTRÉE, PROVINCE, PAYS, POÈTE, PEINTRE.

C'est comme s'il y avait LE ROYAUME DE FRANCE, D'ESPAGNE, LA PROVINCE DE BOURGOGNE, DU LIMOUSIN ; LE POÈTE LE TASSE, LE PEINTRE LE TITIEN.

L'emploi ou la suppression de l'article devant ces sortes de mots est assez arbitraire. Il faut s'en rapporter à l'usage qui n'est pas encore bien fixé à cet égard.

On peut consulter avec beaucoup de fruit Wailly, Boniface et la Grammaire des grammaires.

CINQUIÈME RÈGLE. Ne mettez point d'article devant les substantifs communs employés adjectivement ou mis en apostrophe.

Rarement les philosophes sont POÈTES, et plus rarement les poètes sont PHILOSOPHES.

(D'Olivet.)

ROIS, soyez attentifs; PEUPLES, ouvrez l'oreille.

(J.-B. Rousseau.)

FLEURS CHARMANTES, par vous la nature est plus belle.

(Delille.)

SIXIÈME RÈGLE. La suppression de l'article est encore nécessaire dans les locutions proverbiales, dans les sentences et dans les énumérations. Ex. :

Pauvreté n'est pas vice.
Contentement passe richesse.

Toujours par quelque endroit fourbes se laissent prendre.

(La Fontaine.)

Sujets, amis, parents, tout deviendra stérile.

(J.-B. Rousseau.)

Anglais, Français, Lorrains, que la fureur assemble,
Avançaient, combattaient, frappaient, mouraient ensemble.

(Voltaire.)

SEPTIÈME RÈGLE. Si l'on fait une comparaison entre plusieurs objets, on emploie LE, LA, LES, devant les adverbes PLUS, MOINS, MIEUX. Ex. :

De toutes les planètes, la lune est LA plus brillante pour nous et LA plus utile.

Les plaisirs de la campagne sont LES plus purs, parce qu'ils sont LES plus naturels.

N'exprime-t-on plus de comparaison entre des objets différents; veut-on seulement élever la qualité au plus haut degré dans la personne ou dans la chose dont on parle, c'est LE seulement qu'il faut employer. Ex. :

C'est auprès de ses enfants que cette femme est LE plus heureuse.

La lune ne nous éclaire pas autant que le soleil, lors même qu'elle est LE plus brillante.

On a applaudi cette actrice, au moment où elle était LE moins intéressante.

Vous allez à la promenade, à l'instant où elle est LE moins agréable, et LE moins convenable à la santé.

Il est sorti au moment où la chaleur était LE plus vive.

A ces mots, dans les airs le trait se fait entendre;
A l'endroit où le monstre a la peau LE plus tendre,
Il en reçoit le coup, se sent percer le flanc.

(La Fontaine.)

Dans le premier cas, l'article s'accorde avec le substantif qui précède; dans le second il est invariable, parce qu'il forme avec les adverbes PLUS, MOINS, MIEUX, une locution adverbiale.

LE PLUS HEUREUSE, LE PLUS BRILLANTE, LE PLUS INTÉRESSANTE signifient heureuse, brillante, intéressante dans le dégré le plus élevé.

HUITIÈME RÈGLE. Ne dites pas :

De ces deux demoiselles, c'est Rosalie qui danse LA mieux, qui écrit LA plus correctement, qui peint LA moins bien.

Parce que les mots PLUS, MIEUX, MOINS, modifiant un verbe ou un adverbe, c'est toujours LE qui doit les précéder.

Il en est de même de tous les exemples analogues.

Si les mêmes adverbes PLUS, MIEUX, MOINS, modifient un adjectif ou un participe, on met LE, LA ou LES, selon le genre et le nombre des substantifs auxquels se rapporte l'adjectif ou le participe. Ex :

Voici la lettre LA mieux écrite; l'élève LA plus sage; la ville LA moins peuplée; les fleurs LES plus rares.

CHAPITRE SECOND.

DU SUBSTANTIF.

§ I.

Des Genres.

Les genres sont fondés sur la distinction des sexes. Comme il n'y a que deux sexes dans la nature, il n'y a aussi que deux genres : le MASCULIN et le FÉMININ. Les hommes ont donné le genre masculin et le genre féminin à des objets qui n'ont point de sexe, tels sont les mots LIVRE, CHAPEAU, MAISON, TABLE, etc.

C'est un caprice de l'usage. Il aurait été indifférent dans l'origine de faire TABLE du genre masculin, et CHAPEAU du genre féminin; et cela est si vrai que les noms qui expriment les mêmes idées, n'ont pas le même genre dans toutes les langues.

Les substantifs ne sont en général que d'un genre. En voici cependant quelques-uns dont le genre varie.

MASCULINS.	FÉMININS.
AIDE, pour désigner celui dont l'emploi est d'être près	AIDE, féminin, signifiant secours, assistance :

MASCULINS.	FÉMININS.
de quelqu'un pour servir conjointement avec lui, est masculin : *aide-de-camp, aide-major.*	Vous m'avez été *d'une bonne aide.*
AIGLE, oiseau, masculin. *Chevalier de l'aigle noir, de l'aigle blanc; l'aigle est fier et courageux.*	AIGLE, féminin, en termes d'armoiries, ou désignant un pupitre d'église. *L'aigle romaine.*
AUTOMNE, masculin, quand l'adjectif précède. *Un bel automne.* *(Académie.)*	AUTOMNE, féminin, quand l'adjectif vient après. *Une automne froide et pluvieuse.* *(Académie)*
COCHE, masculin, voiture par terre ou par eau. *Six forts chevaux tiraient un coche.* *(La Fontaine.)*	COCHE, féminin, entaille faite à du bois; ce mot se dit aussi d'une *truie.*
COUPLE, masculin, désignant : 1° Deux personnes unies par le mariage : *un couple bien uni, un couple bien assorti.* 2° Parmi les animaux le mâle et la femelle : *un couple de pigeons, un couple de tourterelles.*	COUPLE, féminin, désignant seulement le nombre deux : *Une couple de chapons, une couple d'œufs.*
DÉLICE, masculin, employé au singulier. *C'est un délice de boire frais en été.*	DÉLICES, féminin, employé au pluriel. *C'est dans la vertu de ses enfants qu'un bon père met ses plus chères délices.*
ÉCHO, masculin, son réfléchi.	ÉCHO, féminin, nom de nymphe. *Echo n'est plus un son qui dans l'air retentisse, C'est une nymphe en pleurs qui se plaint de Narcisse.* *(Boileau.)*
ENSEIGNE, masculin, officier qui porte le drapeau. *Un enseigne monta le premier à la brèche.*	ENSEIGNE, féminin, quand il signifie une marque, un indice, un tableau servant à faire reconnaître quelque chose. *Venir à bonne enseigne, loger à une telle enseigne.*

MASCULINS.	FÉMININS.
GARDE, masculin, homme préposé pour garder quelque chose. *Un garde national, des gardes nationaux, un garde des bois.*	GARDE, féminin, désignant une troupe d'hommes armés: *la garde nationale, la garde bourgeoise.* Garde, féminin, se dit aussi 1. d'une garde malade; 2. de l'action de garder, 3. de la garde d'une épée.
GENS, masculin, s'il est suivi d'un adjectif. *Des gens fins, des gens fort dangereux.*	GENS, féminin, si l'adjectif est avant. *De fines gens, de bonnes gens, les vieilles gens.* On dit *tous les honnêtes gens, tous les braves gens*, si l'adjectif qui modifie *gens* est des deux genres; et l'on dit, *toutes les vieilles gens*, si l'adjectif est du féminin.
HYMNE, masculin, cantique à l'honneur de la divinité; poème chez les païens.	HYMNE, féminin, cantique faisant partie de l'office divin. *Santeuil a composé de belles hymnes.*
LIVRE, masculin, volume manuscrit ou imprimé.	LIVRE, féminin, poids ou monnaie.
MANCHE, masculin, poignée d'un instrument, d'un outil. *Jeter le manche après la coignée.*	MANCHE, féminin, désignant 1. la partie du vêtement dans lequel on met le bras, 2. la partie de la mer qui est entre la France et l'Angleterre.
GREFFE, masculin, lieu où l'on conserve les registres d'une cour de justice.	GREFFE, féminin, branche qu'on ente sur un arbre.
GUIDE, masculin, conducteur. *Un guide sûr, un guide infidèle.*	GUIDE OU GUIDES, féminin, longe de cuir pour conduire les chevaux. *La guide du côté droit de ce cheval est rompue.* *(Académie.)*
EXEMPLE, masculin, pris au figuré, signifiant modèle. *Les bons exemples conduisent plus sûrement à la vertu que les bons préceptes.* *(Académie.)*	EXEMPLE d'écriture, fémin. *Son maître à écrire lui donna, tous les jours, de nouvelles exemples.* N. B. La plupart des grammairiens modernes.

MASCULINS.	FÉMININS.
	font, aujourd'hui; ce mot du masculin.
ENFANT, masculin, employé d'une manière générale. *Un bon enfant, un enfant instruit.*	ENFANT, féminin; employé pour désigner plus particulièrement le sexe féminin. *C'est une bonne enfant; c'est la meilleure enfant du monde.*
MANOEUVRE, masculin, homme de journée.	MANOEUVRE, féminin, fonctions des matelots sur un vaisseau; mouvement exécuté par des troupes.
MOULE, masculin, creux propre à former un ouvrage de fonte, d'argile ou de cire.	MOULE, féminin, sorte de coquillage.
OFFICE, masculin, emploi, fonction, devoir.	OFFICE, féminin, lieu où l'on dépose la vaisselle; où mangent les officiers d'un grand seigneur; l'art de préparer les desserts.
ORGUE, masculin, employé au singulier. *Un bel orgue, un orgue portatif.*	ORGUES, féminin, employé au pluriel. *De belles orgues.*
PAQUE OU PAQUES, masculin, *jour de pâques; pâques est passé.*	PAQUE, féminin, cérémonie dans laquelle les juifs mangeaient l'agneau pascal. PAQUES, féminin, devoir pascal. *Faire ses pâques. Pâques fleuries,* le jour des rameaux.
PENDULE, masculin, verge de fer, ou corde qui fait les vibrations de la pendule.	PENDULE, féminin, sorte d'horloge.
POÊLE, masculin, sorte de fourneau; drap mortuaire.	POÊLE, féminin, instrument de cuisine.
POURPRE, masculin, maladie; couleur rouge; petit poisson.	POURPRE, féminin, étoffe teinte en pourpre; dignité des cardinaux.
PERSONNE, masculin, employé comme pronom indéfini avec la négation *ne*, ou pris dans un sens interrogatif.	PERSONNE, féminin, employé substantivement. *Une personne aimable, une personne instruite.*

MASCULINS.	FÉMININS.
Personne n'est plus heureux que vous.	
Personne a-t-il pu égaler La Fontaine en naïveté et Racine en élégance?	

Boniface pense qu'on doit dire au féminin :

Personne n'est plus JOLIE, n'est plus COMPLAISANTE que cette demoiselle.

Quelque chose.

Selon le même grammairien, cette expression est du genre féminin, quand elle signifie *une chose*: et elle est du genre masculin, quand elle est prise dans le sens de *quelle que soit la chose, ou quelle que fût la chose.* Ex.

Quelque chose qu'il m'a DITE, m'a surpris.

Quelque chose qu'il m'ait DIT, je ne l'ai point écouté.

La plupart des anciens grammairiens n'adoptent point cette différence de genre, et font toujours *quelque chose* du genre masculin.

REMISE, masculin, carrosse de louage. *Louer un remise.*	REMISE, féminin, signifiant délai, rabais; lieu où l'on met les voitures.

LISTE

DE QUELQUES SUBSTANTIFS DONT LE GENRE EST DIFFICILE A SAISIR.

Abreuvoir, *m.*
Abîme, *m*
Acabit, *m.*
Accessit, *m.*
Accessoire, *m.*
Acotoir, *m.*
Accoudoir, *m.*
Acrostiche, *m.*
Adage, *m.*
Agate, *f.*
Alambic, *m.*
Albâtre, *m.*
Alcôve, *m.*
Allonge, *f.*
Amadou, *m.*
Amalgame, *m.*
Ambre, *m.*
Amidon, *m.*
Amnistie, *f.*
Amphigouri, *m.*
Anachronisme, *m.*
Anagramme, *m.*
Anchois, *m.*
Anicroche, *f.*
Antichambre, *f.*
Antidote, *m.*
Apologue, *m.*
Appétit, *m.*
Après-dînée, *f.*
Après-soupée, *f.*
Après-midi, *f.*
Arabesques, *f.*
Armoire, *f.*
Arrosoir, *m.*
Artère, *f.*
Artifice, *m.*
Aruspice, *m.*
Aspersoir, *m.*
Aspic, *m.*
Astérisque, *m.*
Atmosphère, *f.*
Atôme, *m.*
Auditoire, *m.*
Augure, *m.*
Auspice, *m.*

Autel, *m*
Automa , *m.*
Avalanc , *f.*
Avaloire, *f.*
Baignoire, *f.*
Balançoire, *f.*
Bassinoire, *f.*
Balustre, *m.*
Centime, *m.*
Calque, *m.*
Catafalque, *m.*
Charpie, *f.*
Claire-voie, *f.*
Chiffre, *m.*
Cigare, *m.*
Cil, *m.*
Concombre, *m.*
Capendu, *m.*
Couloir, *m.*
Datura, fém. selon les dictionnaires, et masc. selon les botanistes.
Décombres, *m.*
Dette, *f.*
Dialecte, *m.*
Dinde, *f.*
Disparate, *f.*
Ebauche, *f.*
Ebène, *f.*
Ecaille, *f.*
Ecarlate, *f.*
Echalotte *f.*
Echange, *m.*
Echarde, *f.*
Echarpe, *f.*
Echasse, *f.*
Echoppe, *f.*
Eclair, *m.*
Eclipse, *f.*
Ecrémoire, *f.*
Ecrin, *m.*
Ecritoire, *f.*
Ecumoire, *f.*
Effondrilles, *f.*
Egide, *f.*
Egrugeoir, *m.*
Elixir, *m.*
Eloge, *m.*
Emblême, *m.*
Emplâtre, *m.*
Encensoir, *m.*
Enigme, *f.*
Enseigne, *f.*
Entr'acte, *m.*
Envoi, *m.*
Epée, *f.*
Epi, *m.*
Epiderme, *m.*
Epigramme, *f.*
Episode, *m.*
Epithalame, *m.*
Epitoge, *f.*
Epître, *f.*
Eponge, *f.*
Equerre, *f.*
Equivoque, *f.*
Erysipèle, *m.*
Escarmouche, *f.*
Esclandre, *m.*
Escousse, *f.*
Espace, *m.*
Esquisse, *f.*
Esse, *f.*
Estampe, *f.*
Estompe, *f.*
Etable, *f.*
Etal, *m.*
Eteignoir, *m.*
Evêché, *m.*
Eventail, *m.*
Exorde, *m.*
Expertise, *f.*
Exutoire, *m.*
Faulx, dard, *f.*
Fibre, *f.*
Filigrane, *m.*
Finale, terme de musique, *m.*
Fossile, *m.*
Garde-robe, *f.*
Geste, *m.*
Glissoire, *f.*
Givre, *m.*
Hémisphère, *m.*
Hémistiche, *m.*
Héritage, *m.*
Hiéroglyphe, *m.*
Holocauste, *m.*
Homonyme, *m.*
Horloge, *f.*
Horoscope, *m.*
Hortensia, *f.*
Hospice, *m.*
Hôtel, *m.*
Humeur, *f.*
Hysope, *f.*
Idole, *f.*
Idylle, *f.*
Image, *f.*
Immondices, *f.*
Incendie, *m.*
Indice, *m.*
Interstice, *m.*
Intervalle, *m.*
Ivoire, *m.*
Jujube, comme fruit, féminin.
Légume, *m.*
Levée, terme de jeu de cartes, féminin.
Losange, *f.*
Lierre, *m.*
Manes, *m.*
Mécanique, *f.*
Module, *m.*
Monticule, *m.*
Nacre, *f.*
Offre, *f.*
Ongle, *m.*
Optique, *f.*
Orage, *m.*
Orange, *f.*
Oratoire, *m.*
Orchestre, *m*
Organe, *m.*
Orge, féminin. On dit cependant de l'orge *mondé*, de l'orge *perlé*.
Ottomane, *f.*
Ouate, *f.*
Oublie, *f.*

Ouïe, *f.*
Outre, *f.*
Ouvrage, *m.*
Œuvre, terme de musique, de gravure, masculin
Paire de ciseaux, *f.*
Pampre, *m*
Panache, *m.*
Parafe, *m.*
Passoire, *f.*
Patarafe, *f.*
Paroi, *f.*
Patère, *m.*
Pédale, *f.*
Pétale, *m.*
Pédicule, *m.*
Pellicule, *f.*
Perce-neige, *f.*
Perce-oreilles, *m.*
Pilule, *f.*
Pistil, *m.*
Pleurs, *m.*
Primevère, *f.*
Poutre, *m.*
Réglisse, tel qu'on le trouve dans le commerce, masculin; comme plante, féminin.
Rencontre, *f.*
Restes, *m.*
Rotule, *f.*
Salamalec, *m.*
Sandaraque, *f.*
Sentinelle, *f.*
Socque, *m.*
Squelette, *m.*
Tuile, *f.*
Ulcère, *m.*
Uniforme, *m.*
Vitre, *f.*
Vipère, *f.*
Volatile, *m.*
Volatille, *f.*
Vis, écrou, *f.*

§ II.

Des Nombres.

Nous n'avons en français que deux nombres : le singulier et le pluriel. Les substantifs sont ordinairement les deux nombres. Il en est cependant plusieurs qui ne se disent qu'au pluriel. Tels sont les suivants : ANNATES, ANCÊTRES, ACQUÊTS, ARRÉRAGES, ASSISES, BÉSICLES, BROUSSAILLES, CATACOMBES; CISEAUX (instrument à deux branches,) CONFINS, DÉCOMBRES, DÉPENS, ENTRAVES, ENTRAILLES, ENTREFAITES, FUNÉRAILLES, FRAIS, HARDES, LIMITES, MÂNES, MATÉRIAUX, MOUCHETTES, OBSÈQUES, PLEURS, MŒURS, TÉNÈBRES, MATINES, VERGETTES, VÊPRES, VIVRES.

Les substantifs qui n'ont que le singulier sont :

1. Les noms des métaux pris en général, et sans être mis en œuvre, tels que OR, ARGENT, ÉTAIN, ACIER, FER, etc.

2. Les aromates, comme LE BAUME, LA CANNELLE, L'ENCENS, etc.

3. Les noms qui rappellent les différents âges de l'homme, comme L'ENFANCE, LA JEUNESSE, L'ADOLESCENCE, LA VIEILLESSE, etc.

4. Les noms des vertus et des vices, tels que LA PROBITÉ, LA CANDEUR, LA PARESSE.

5. Ceux qui ont quelque rapport à l'homme physique ou moral; comme MOLLESSE, ACTIVITÉ, PAUVRETÉ, OPULENCE, REPOS, SOMMEIL, FAIM, SOIF, etc.

6. Les noms des arts et des sciences, comme LA DANSE, LE DESSIN, LA GRAMMAIRE, LA GÉOMÉTRIE, etc.

CHAPITRE III.

DE L'ADJECTIF.

§ Ier

De l'Adjectif qualificatif.

Les adjectifs ne peuvent exister seuls dans le discours ; ils ont besoin d'être ajoutés au substantif pour signifier quelque chose.

Le substantif, au contraire, peut exister dans le discours, sans l'adjectif, parce qu'on peut nommer un objet, sans en exprimer la qualité ; mais on ne peut nommer la qualité, sans désigner en même temps l'objet qui la renferme, en qui elle existe. Si l'adjectif se trouve seul dans le discours, il joue alors le rôle du substantif, il en prend toutes les formes, comme quand on dit :

Rien n'est beau que LE VRAI, LE VRAI seul est aimable,
Nous devons préférer L'UTILLE à L'AGRÉABLE.

(*Boileau.*)

Le VRAI est mis pour la VÉRITÉ, l'UTILE, pour l'UTILITÉ, et l'AGRÉABLE, pour l'AGRÉMENT.

Le substantif devient aussi quelquefois adjectif, c'est lorsqu'au lieu d'exprimer l'objet de la pensée, il n'exprime qu'une qualité.

Le mot MÉDISANT est substantif dans cette phrase:

Les MÉDISANTS sont l'objet du mépris de toutes les sociétés.

Le même mot est adjectif dans celle-ci :

Les hommes vertueux ne sont jamais MÉDISANTS.

Les adjectifs ont les deux genres et les deux nombres, parce qu'étant destinés à exprimer la qualité des substantifs, ils doivent les faire connaître tels qu'ils sont, et se présenter dans le discours sous les mêmes formes qu'eux.

Place des Adjectifs.

Il n'est point indifférent dans notre langue d'énoncer le substantif avant l'adjectif, ou l'adjectif avant le substantif.

Il faut, dans ce cas, avoir recours à l'usage qui seul instruira mieux que tous les préceptes.

Voici cependant quelques observations qu'il ne sera pas inutile de lire.

On dit HABIT ROUGE, ainsi dites : HABIT BLEU, HABIT VERT, et non BLEU HABIT, VERT HABIT.

On dit, ZÔNE TORRIDE, ainsi dites : ZÔNE TEMPÉRÉE, ZÔNE GLACIALE.

Les adjectifs, en général, précèdent les substantifs, lorsqu'ils ont un moindre nombre de syllabes, c'est ainsi qu'on dit : BON OUVRIER, BELLE SITUATION, VASTE CAMPAGNE, etc.

Si l'adjectif et le substantif ont un égal nombre de syllabes, on place indifféremment l'un après l'autre. Ex. : Un habille avocat, un avocat habile; de tendres regards, des regards tendres; savoir profond, profond savoir.

Les adjectifs numéraux précèdent les substantifs communs, et suivent les noms propres. Ex. : Le premier homme, François premier; quatre personnes, Henr quatre.

On dit dans les citations :

Livre premier, chapitre second, section troisième.

Hors de là, on dit :

Le premier livre, le second chapitre, la troisième section.

Voici quelques adjectifs qui placés avant ou après le substantif, en changent entièrement la valeur et la signification.

BON HOMME. C'est un homme simple, peu avisé.

HOMME BON. C'est un homme plein de candeur, charitable, compatissant.

BRAVE HOMME, c'est un homme de probité.

HOMME BRAVE. C'est un homme intrépide.

FURIEUX, avant le substantif, signifie excessif, prodigieux : *un furieux menteur, une furieuse coupure.*

FURIEUX, après le substantif, signifie transporté de fureur : *un lion furieux, un homme furieux.*

GRAND HOMME. On appelle un grand homme, celui qui par son talent, ses qualités, s'élève bien au-dessus des autres.

HOMME GRAND, est celui qui a une haute taille.

HONNÊTE HOMME. C'est un homme de probité.

HOMME HONNÊTE. C'est un homme poli.

MAUVAIS AIR. C'est un extérieur ignoble, un maintien gauche.

AIR MAUVAIS. C'est un air furieux, redoutable.

Cléon, lorsque vous nous bravez,
En démontant votre figure,
Vous n'avez pas l'air mauvais, je vous jure;
C'est mauvais air que vous avez.

MÉCHANT : VERS MÉCHANTS. Ce sont des vers malins, satiriques.

MÉCHANTS VERS. Ce sont des vers mal faits ; des vers faits sans goût, sans esprit.

Boileau a fait des vers méchants, lorsqu'il a dit des méchants vers de Chapelain :

Maudit soit l'auteur dur dont l'âpre et rude verve,
Son cerveau ténaillant rima malgré Minerve,
Et de son lourd marteau martelant le bon sens,
A fait de MÉCHANTS VERS douze fois douze cents.

PAUVRE HOMME. C'est un homme de peu de mérite, et qui est incapable de faire ce qu'on attend de lui.

HOMME PAUVRE. C'est un homme sans fortune.

PLAISANT HOMME. C'est un homme bizarre, ridicule, singulier.

HOMME PLAISANT. C'est un homme gai, enjoué.

PETIT HOMME. C'est un homme de petite taille.

HOMME PETIT. C'est un homme vil, méprisable.

VILAIN HOMME. C'est un homme désagréable par sa figure ou dégoûtant par sa malpropreté, ou méprisable par ses vices.

HOMME VILAIN. C'est un homme avare.

Les élèves chercheront à établir verbalement ou par écrit les différentes significations des adjectifs suivants.

Un enfant cruel.	Un cruel enfant.
Une ligne droite.	La droite ligne.
Une chose certaine.	Une certaine chose.
Une voix commune.	Une commune voix.
Une fausse corde.	Une corde fausse.
Un faux accord.	Un accord faux.
Un faux jour.	Un jour faux.
Une fausse clef.	Une clef fausse.
Une fausse porte.	Une porte fausse.
Un fou rire.	Un rire fou.
Le Saint-Esprit.	L'Esprit saint.
Un gentilhomme.	Un homme gentil.
Une langue pauvre.	Une pauvre langue.
Le haut ton.	Le ton haut.

Les termes propres.	Les propres termes.
Un seul homme peut lever ce fardeau.	Un homme seul peut lever ce fardeau.
Le riche Luculle.	Luculle le riche.
Quelle est votre erreur?	Quelle erreur est la vôtre?
De tendres agneaux.	Des agneaux tendres.
Du vin nouveau.	Du nouveau vin.
L'année dernière.	La dernière année.
Faux titre.	Titre faux.
Faux air.	Air faux.
Un fier homme.	Un homme fier.
Il a de gros yeux.	Il a les yeux gros.
Une grande reine.	Une reine grande.
Un malheureux auteur.	Un auteur malheureux.
C'est l'unique héritier.	Un homme unique.
Esprit malin.	Malin esprit.
Les gens honnêtes.	Les honnêtes gens.
Un mot seul.	Un seul mot.
De simples airs.	Des airs simples.
Unique tableau.	Tableau unique.
Un plaisant conte.	Un conte plaisant.
Le jeune Scipion.	Scipion le jeune.
Une méchante épigramme.	Une épigramme méchante.
Du mort bois.	Du bois mort.
Le grand air.	L'air grand.
Un triste dîner.	Un dîner triste.

NOUVEL, NOUVEAU, NEUF.

Un NOUVEL habit et un habit NEUF, ne signifient pas la même chose.

Un NOUVEL habit est un habit de NOUVELLE MODE; un habit NEUF, est un habit qui n'a pas encore été porté.

NEUF et NOUVEAU ne s'emploient pas indifféremment. NEUF se dit des choses faites par l'art. NOUVEAU se dit des choses produites par la nature ou par l'esprit, comme du VIN NOUVEAU, des FRUITS NOUVEAUX, une MODE NOUVELLE.

Une chose peut être NEUVE, et n'être pas NOUVELLE. Un livre d'une quatrième ou cinquième édition est NEUF, quand il est nouvellement relié; mais il n'est pas NOUVEAU, s'il y a déjà du temps qu'il a été donné au public.

FAT, CHATAIN.

Ces deux adjectifs n'ont point de féminin. On ne dit point une femme FATE, une couleur CHATAINE.

NUL, AUCUN.

NUL et AUCUN n'ont point de pluriel. On ne dit pas : NULS hommes, AUCUNS hommes ne sont exempts d'erreur. Il faut dire : NUL homme, AUCUN homme, n'est exempt d'erreur.

Cependant ces deux adjectifs peuvent s'employer au pluriel avec des mots qui n'ont pas de singulier.

AUCUNS frais, AUCUNES funérailles, NULLES obsèques.

(Chapsal et Boniface.)

L'adjectif NUL s'emploie aussi au pluriel, quand il signifie de NULLE VALEUR, comme dans cette phrase :

Ces procédures ont été déclarées NULLES.

Accord de l'Adjectif avec le Substantif.

PREMIÈRE RÈGLE. L'adjectif s'accorde en genre et en nombre avec le substantif qu'il qualifie. Ex. :

On admire une BELLE action.
On chérit les personnes VERTUEUSES.

Le participe employé adjectivement suit la même règle. Ex. :

Un bienfait REÇU, des bienfaits REÇUS.
Un autel RENVERSÉ, des maisons DÉTRUITES.

DEUXIÈME RÈGLE. L'adjectif qualifie-t-il deux substantifs qui expriment des idées différentes, il se met au pluriel, et il adopte le genre masculin, lorsque les substantifs n'ont pas le même genre.

Un père et une mère sont toujours CONTENTS, quand ils voient leurs enfants marcher dans le chemin de la vertu.

D'après cette règle, dites :

Avoir les yeux et la bouche OUVERTS.

Ou mieux, selon les lois de l'euphonie :

Avoir la bouche et les yeux OUVERTS.

En rapprochant de l'adjectif le substantif masculin.

TROISIÈME RÈGLE. L'adjectif, quoique se rapportant à plusieurs substantifs, se met quelquefois au singulier, et il prend le genre du dernier substantif, lorsque le substantif qu'il qualifie ne présente à peu près qu'une même idée. Ainsi l'on dira :

Cet élève se livre à l'étude des langues anciennes avec un zèle, une application ÉTONNANTE.

Ou bien :

Cet élève se livre à l'étude des langues anciennes avec une application, un zèle ÉTONNANT.

QUATRIÈME RÈGLE. On doit dire :

Une partie du bras CASSÉ.
Une partie du pain MANGÉ.
Il trouva une partie de ses gens MORTS.

Et non avec le féminin :

Une partie du bras CASSÉE.
Une partie du pain MANGÉE.
Il trouva une partie de ses gens MORTE.

Parce que ce n'est pas au mot PARTIE que se rapportent les adjectifs, mais aux mots BRAS, PAIN et GENS. C'est ici un accord plutôt sylleptique que grammatical, c'est-à-dire un accord plutôt avec l'idée qu'on a dans l'esprit, qu'avec les mots qui servent à l'exprimer.

Mais on dira :

Après trois mois de temps EMPLOYÉS à voyager, il est temps de se reposer.

Après deux heures du jour PASSÉES à vous amuser, il faut vous remettre à l'étude.

Parce qu'en retranchant dans le premier exemple le mot TEMPS, et dans le second le mot JOUR, on peut dire :

Après trois mois employés à voyager.
Après deux heures passées à vous amuser.

CINQUIEME REGLE. Cette femme a l'air BON, cette personne a l'air VIEUX. C'est ainsi qu'il faut dire, et non a l'air BONNE, a l'air VIEILLE. Les adjectifs dans ces phrases et autres analogues, qualifiant le mot AIR, doivent en prendre le genre.

Voltaire a dit :

Elles ont l'air HAUTAIN, mais l'accueil familier.
Elle a l'air FURIBOND; elle avait l'air TIMIDE, EMBARRASSÉ.

Marmontel :

Les femmes de Bava ont l'air DOUX.

Boursaut :

La vertu toute nue a l'air trop INDÉCENT,
Et ce n'est point avoir que n'avoir point d'argent.

Si la chose dont on parle, est un objèt inanimé, il vaut mieux se servir des verbes *paraître*, *sembler*, ou dire *a l'air d'être*. Ainsi dites : cette soupe paraît BONNE; ces légumes semblent CUITS; cette terre à l'air d'être ENSEMENCÉE.

Et non :

Cette soupe a l'air BONNE; ces légumes ont l'air CUIT; cette terre a l'air ENSEMENCÉ.

SIXIÈME RÈGLE. Faut-il écrire avec le pluriel : *le premier et le second* ÉTAGES, *deuxième et troisième* SECTIONS; *l'un et l'autre* SEXES, ou avec le singulier : *le premier et le second* ÉTAGE, *deuxième et troisième* SECTION; *l'un et l'autre* SEXE. Il faut ici le singulier, parce qu'il y a ellipse du substantif après chaque adjectif; c'est comme s'il y avait : le *premier* étage et le *second* étage; *deuxième* section et *troisième* section.

N.B. Les meilleurs auteurs ne se sont pas toujours conformés à cette règle.

SEPTIÈME RÈGLE. C'est une faute d'appliquer aux personnes certains adjectifs qui ne conviennent qu'aux choses, tels que *pardonnable*, *impardonnable*, *déplorable* et aux choses ceux qui ne conviennent qu'aux personnes, tels sont *consolable*, *inconsolable*.

On ne dira pas un prince DÉPLORABLE, ni une douleur INCONSOLABLE.

Pour connaître ces différences, il faut examiner si les verbes d'où ces adjectifs dérivent peuvent avoir pour complément direct un nom de chose ou un nom de personne. Puisqu'on ne dit pas *Pardonner quelqu'un* on ne peut dire *un homme pardonnable*; puisqu'on ne dit pas *consoler quelque chose*, on ne peut dire *une douleur inconsolable*.

Boniface dit dans sa grammaire que les grammairiens ont trop étendu cette règle, et que l'usage la contredit souvent; la grammaire nationale en cite plusieurs exemples.

Des Adjectifs déterminatifs.

PREMIÈRE RÈGLE. On supprime les adjectifs possessifs, toutes les fois que les circonstances y suppléent suffisamment : ainsi dites :

J'ai mal à la tête; je me lave les mains; le cheval a pris le morsaux dents.

Et non :

J'ai mal à MA tête; je me lave MES mains; le cheval a pris le mors à SES dents.

Cependant un homme tourmenté habituellement de la migraine ou de la goutte dira : *j'ai souffert, aujour-*

d'hui, *de* MA *migraine*, *de* MA *goutte*, parce que les adjectifs possessifs s'emploient toutes les fois qu'on veut déterminer les objets d'une manière plus positive, et désigner que l'incommodité n'est pas passagère, mais habituelle.

DEUXIÈME RÈGLE. On doit dire d'une personne : SA *tête est belle*, SON *esprit est vaste*, SES *connaissances sont étendues ;* mais on dira d'une statue : *la tête* EN *est belle ;* de la religion, *la morale* EN *est sublime ;* de la mer, *les eaux* EN *sont salées*, parce que pour employer les adjectifs possessifs *son*, *sa*, *ses*, *leur*, *leurs*, avec rapport à un nom de choses, il faut que ce nom soit dans la même phrase que ces adjectifs. Ex. :

L'ÉTUDE a SES charmes; la SOLITUDE a SES agréments; la COUR a SES orages; les LANGUES ont LEURS difficultés; les ENFANTS ont LEURS caprices.

TROISIÈME RÈGLE. Il faut répéter les adjectifs possessifs devant chaque substantif. Au lieu de dire : SES *père et mère*, MES *frères et sœurs ;* dites SON *père et* SA *mère*, MES *frères et* MES *sœurs*.

QUATRIÈME RÈGLE. Lorsque *chacun* est employé après un sens collectif fini, c'est-à-dire, lorsqu'il est placé après le complément du verbe, il faut se servir de *son*, *sa*, *ses*. Ex. :

Les communes envoyèrent des députés, chacune en raison de SA population.

Tous les juges ont opiné, chacun selon SES lumières.

(*Girard.*)

La plupart des commentateurs se sont donné la peine de dessiner cet édifice, chacun à SA manière.

(*Voltaire.*)

Le vainqueur et le vaincu se sont retirés, chacun dans SA ville.

(*Montesquieu.*)

Si le sens collectif n'est pas fini, c'est-à-dire, si le complément du verbe n'est pas exprimé avant *chacun*, il faut employer *leur*, *leurs*. Ex. :

Les langues ont, chacune, LEURS bizarreries.

(*Boileau.*)

Mettez ces médailles, chacune, en LEUR place.

Cette règle peut s'appliquer aussi aux pronoms personnels ELLE, SOI, LUI, EUX et ELLES. Exemple du premier cas :

Les combattants se rendirent à leur poste, chacun selon l'ordre qui LUI avait été donné.

Il les écouta attentivement, et leur dit ensuite, à chacun LEUR fait.

(*Girard.*)

Exemple du second cas :

Les députés, après la séance, se rendirent chacun chez eux. (1)

CINQUIÈME RÈGLE. Le mot CHAQUE ne peut pas s'employer sans être joint à un substantif. Ex. :

CHAQUE chose à son prix ; CHAQUE âge a ses plaisirs.

Au lieu de dire :

Ces gravures vous coûteront six francs CHAQUE.

Dites :

CHAQUE gravure ou CHACUNE de ces gravures vous coûtera six francs.

La plupart des règles que nous avons données sur la syntaxe du substantif et sur celle de l'adjectif ne sont pas rigoureusement observées par tous les écrivains, soit en vers, soit en prose. (Voyez à ce sujet Boniface, Lemare et la Grammaire nationale.) Ce sont des règles générales, dont il n'est permis qu'aux hommes de génie de s'écarter quelquefois. Ce que nous disons ici, nous le disons pour les règles que nous avons à établir sur l'emploi des pronoms, des verbes et des autres éléments du discours.

CHAPITRE IV.

DES PRONOMS.

§ I.

Des Pronoms personnels.

1. Les pronoms personnels, sujets d'une proposition, se répètent avant chaque verbe, quand le verbe est employé à des temps différents. Ex. :

JE soutiens, et JE soutiendrai toujours que la vertu doit passer avant la science.

Les pronoms personnels, sujets, se répètent aussi, quand on passe d'une proposition négative à une proposition affirmative. Ex. :

JE n'ignore pas que la grammaire est utile, aussi JE me propose de m'y appliquer.

---

(1) Il faut remarquer pour la ponctuation que dans les phrases où le complément vient avant CHACUN, on ne met pas de virgule après ce mot ; si CHACUN vient après, on place ce mot entre deux virgules ; ce mot formant à lui seul une proposition elliptique dont le verbe et le complément sont sous-entendus.

Si l'on passe d'une proposition affirmative à une négative, on peut répéter ou ne pas répéter les pronoms. Ex.:

JE plie et ne romps pas, ou JE plie et JE ne romps pas.

2. Lorsque le sujet du verbe est énoncé précédemment, il ne faut pas rappeler ce sujet par un des pronoms IL, ELLE, ILS, ELLES.

Au lieu de dire :

Alexandre, sur le point de mourir, IL fit appeler Perdicas, et lui remit son anneau.

Dites :

Alexandre, sur le point de mourir, fit appeler Perdicas, et lui remit son anneau.

3. Il faut employer les pronoms personnels, sujets, de manière qu'ils ne donnent lieu à aucune équivoque. Dans cet exemple :

Molière a surpassé Plaute dans tout ce QU'IL a de meilleur.

IL peut se rapporter à Molière ou à Plaute, il y a donc équivoque.

Il faut dire :

Molière a surpassé Plaute dans tout ce que CELUI-CI a de meilleur.

4. Quand un pronom personnel est employé deux fois comme sujet, il faut éviter que ce pronom se rapporte tantôt à un substantif, tantôt à un autre.

Exemple. :

Samuël offrit son holocauste à Dieu, et IL lui fut si agréable qu'IL lança au même instant la foudre contre les Philistins.

Le premier IL se rapporte à HOLOCAUSTE, et le second à DIEU.

Il faut dire pour être correct :

Samuël offrit son holocauste, et DIEU le trouva si agréable qu'IL lança au même instant la foudre contre les Philistins.

JE.

JE est toujours sujet du verbe. Il le précède dans le propositions affirmatives. Ex. :

Tel qu'un marchand avide, arraché du naufrage,
Des périls échappé JE perds toute l'image.

(Régnard.)

Dans les propositions interrogatives, JE se met après le verbe dans les temps simples, et entre l'auxiliaire et le participe dans les temps composés, comme CHANTÉ-JE, AI-JE CHANTÉ ?

Si le verbe n'a qu'une syllabe, il faut prendre un autre tour. Au lieu de dire : COURS-JE, DORS-JE, il faut dire : EST-CE QUE JE COURS ? EST-CE QUE JE DORS?

ME, TE.

Ces pronoms se placent avant les verbes dans les propositions affirmatives. Ex. :

Vous ME blâmez, tu TE feras mal.

Si les verbes sont à l'impératif, on emploie MOI, TOI. Ex. :

Ecoutez-MOI, réjouis-TOI, conduis-TOI bien.

A moins que la proposition ne soit négative, car alors on se sert encore des pronoms ME, TE. Ex. :

Ne ME nuisez pas, ne TE trompe pas.

REMARQUE. C'est une faute grossière de dire :

Donnez-MOI-LE, rendez-MOI-LE, faites-MOI-LE savoir.

Parce que, quand un verbe à l'impératif a deux compléments, l'un direct et l'autre indirect, il faut placer le complément direct avant l'indirect.

On dira donc :

Donnez-le-moi, rendez-le-moi ; faites-le-moi savoir.

SE.

Le pronom SE ne s'emploie jamais qu'avant le verbe. Ex. :

Cette personne SE vante trop, pour qu'on lui suppose un mérite réel.

REMARQUE. Ces trois pronoms ME, TE, SE, ne s'emploient que comme compléments des verbes ; ils n'en sont jamais le sujet.

NOUS, VOUS.

1. Ces pronoms se placent avant le verbe dans les propositions affirmatives, et après le verbe dans les propositions impératives. Ex. :

NOUS vous estimons, estimez-NOUS ; vous vous taisez, taisez-vous.

2. On se sert dans la conversation du pronom VOUS, au lieu de TU, même en parlant à une seule personne. Le verbe se met au pluriel, mais l'adjectif qui qualifie le pronom, reste au singulier. Ex. :

Pauline, vous serez récompensée, si VOUS êtes toujours SAGE.

La même observation peut s'appliquer au pronom NOUS employé pour un singulier. Un auteur dira :

APPUYÉ sur l'autorité des meilleurs écrivains, nous soutenons que telle expression est correcte.

On écrira encore :

NOUS, commissaire NOMMÉ à l'effet de procéder à la vérification, etc. NOUS, huissier près le tribunal de .. nous sommes TRANSPORTÉ au domicile, etc.

(Cette dernière règle n'est cependant pas généralement observée.)

SOI.

Le pronom soi ne doit être employé qu'en parlant des personnes en général. Ainsi au lieu de dire :

C'est un homme qui ne parle que de SOI.

Dites :

C'est un homme qui ne parle que de LUI.

Mais on dira :

Il faut veiller sur soi ; chacun doit veiller sur soi ; quiconque rapporte tout à soi est un vil égoïste.

Précédé d'une préposition, le pronom soi se dit des choses. Ex. :

L'aimant attire le fer à soi ; ce torrent entraine après soi tout ce qui s'oppose à son passage. (1)

IL, ILS.

Ces pronoms se disent également des personnes et des choses. Ils sont toujours le sujet de la proposition.

(1) Telles sont les règles que tous les grammairiens ont données sur la syntaxe du pronom soi. Beaucoup d'auteurs s'en sont écartés surtout lorsque l'expression pouvait présenter quelque équivoque. En voici quelques exemples.

En remplissant les volontés de son père, ce jeune hommme travaille pour soi.

(Chapsal.)

Le chat ne paraît sentir que pour soi.

(Buffon.)

Oui, mon amour me trompe, et Zaïre aujourd'hui,
Pour l'élever à soi descendrait jusqu'à lui.

(Voltaire.)

Charmant, jeune, traînant tous les cœurs après soi.

(Racine.)

Le pronom IL employé devant les verbes impersonnels n'en est jamais, comme nous l'avons dit dans notre traité d'orthographe, que le sujet apparent. Il exprime d'une manière vague, indéterminée, la chose dont il est question. Ex. :

IL TONNE, c'est-à-dire, il (le ciel) tonne. IL EST JOUR, c'est-à-dire, il (le jour) est. IL EST encore DES HOMMES VERTUEUX, c'est-à-dire, il (DES HOMMES VERTUEUX) est encore.

ELLE, ELLES.

Les pronoms ELLE, ELLES, ne se disent des personnes et des choses, que quand ils sont le sujet de la proposition. On dit en parlant d'une ou de plusieurs fleurs : ELLE EST ODORIFÉRANTE, ELLES SONT RARES, et en parlant d'une ou de plusieurs personnes : ELLE EST MODESTE, ELLES SONT BIEN ÉLEVÉES.

EUX et LUI.

EUX et LUI ne sont sujets que dans ces manières de parler : IL VIENDRA LUI-MÊME, ILS VIENDRONT EUX-MÊMES, c'est-à-dire, il, LUI-MÊME VIENDRA ; ILS, EUX-MÊMES VIENDRONT.

PREMIÈRE REMARQUE. Les pronoms ELLE, ELLES, EUX et LUI, employés comme compléments indirects ne se disent que des personnes ou des choses personnifiées.

Ainsi au lieu de dire :

EN PARLANT	DITES :
D'un poème, j'ai été content de LUI.	J'EN ai été content.
D'une chaise, je me suis assis sur ELLE.	Je m'y suis assis.
D'une ville, éloignez-vous D'ELLE.	Eloignez-vous-EN.
D'un bâton, servez-vous de LUI.	Servez-vous-EN.

A la place des pronoms ELLE, ELLES, EUX et LUI, il faut, toutes les fois que cela est possible, se servir des pronoms EN, Y, ou donner un autre tour à la phrase.

DEUXIÈME REMARQUE. Nous avons dit que les pronoms ELLE, ELLES, EUX et LUI ne peuvent pas s'employer comme compléments indirects, en parlant des choses inanimées, ou qui ne sont pas personnifiées ; nous ajoutons qu'ils ne peuvent pas non plus servir d'attribut. Ainsi à ces questions :

Est-ce là votre éventail ? Est-ce là votre capote ? Est-ce là votre parapluie ? Est-ce là votre canne ? Est-ce là votre mouchoir ? Serait-ce là votre chapeau? Sont-ce là vos livres? Sont-ce là vos gants? Sont-ce là vos socques? Sont-ce là vos gazettes?

Il faut répondre:

Ce L'est, ce LES sont, ou c'est LE MIEN, c'est LA MIENNE; ce sont LES MIENS, ce sont LES MIENNES, et LUI, c'est LUI, c'est ELLE, ce sont EUX, ce sont ELLES.

EN.

Le pronom EN se place très-souvent devant certains verbes, lorsqu'on ne veut exprimer ou n'annoncer que vaguement la chose dont il est question. Ex.:

Il m'en veut, c'est-à-dire, il veut à moi de cela, du mal.

Où en suis-je, c'est-à-dire, où suis-je de cela, de mes affaires?

Dans ces phrases et autres analogues, on n'exprime que vaguement la chose dont il est question. Il en est de même des phrases suivantes:

C'en est fait de l'état; il en use bien avec moi.

Y.

Ce pronom se place devant certains verbes impersonnels, sans avoir aucun rapport à un mot déjà exprimé. Ex.:

IL Y VA de mon salut, c'est-à-dire, il (l'affaire de mon salut) VA LA.

IL Y A encore des amis de la justice, c'est-à-dire, il (des amis de la justice) EST ENCORE, ou A LIEU ENCORE ICI.

LE, LA, LES.

PREMIÈRE RÈGLE. Veut-on rappeler un adjectif, un mot pris adjectivement ou un membre de phrase, il faut faire usage du pronom LE qui signifie cela. A ces questions:

Mademoiselle êtes-vous enrhumée, malade, peureuse?	IL FAUT RÉPONDRE:	Je LE suis, ou je ne LE suis pas
Messieurs, êtes-vous chasseurs, médecins, architectes?		Nous LE sommes, ou nous ne LE sommes pas.

Ici, LE tient la place des adjectifs MALADE, ENRHUMÉE, PEUREUSE, et celle des mots CHASSEURS, MÉDECINS, ARCHITECTES, pris adjectivement: or, tous ces mots n'ayant pas par eux-mêmes la propriété des nombres, ni celle des genres, ne peuvent la communiquer à quelque autre mot que ce soit.

Dans l'exemple suivant, LE remplace une phrase entière:

Si le public a eu quelque indulgence pour moi, je LE dois à votre protection.

JE LE DOIS, c'est-à-dire, JE DOIS CELA, SI LE PUBLIC A EU QUELQUE INDULGENCE POUR MOI.

DEUXIÈME RÈGLE. Veut-on représenter un substantif d'une manière expresse, on se sert des pronoms LE, LA, LES, suivant le genre du substantif énoncé précédemment. A ces questions :

Questions		Réponses
Mesdames, êtes-vous les malades pour lesquelles on nous a fait appeler ?	ON RÉPONDRA :	Nous LES sommes.
Messieurs, êtes-vous les médecins de notre hospice ?		Nous LES sommes.
Mademoiselle, êtes-vous la pianiste que nous avons entendue hier ?		Je LA suis. (1)

TROISIÈME RÈGLE. JE VOUS FAIS GRACE, QUOIQUE VOUS NE LE MÉRITIEZ PAS.

C'est ainsi qu'il faut écrire, d'après les règles de tous les grammairiens. QUOIQUE VOUS NE LA MÉRITIEZ PAS serait une faute, parce qu'on ne doit pas représenter par un pronom déterminé un substantif employé sans article, ou sans tout autre adjectif déterminatif.

Les phrases suivantes sont également vicieuses, quoique Boniface cherche à les justifier par le moyen de la syllepse. (2)

Quand je me fais justice, il faut qu'on se LA fasse.

(Racine.)

Grace ! grace ! Seigneur, que Pauline L'obtienne.

(Corneille.)

Vous dites que ce n'est pas votre faute de manquer de foi, puisqu'ELLE ne dépend pas de l'homme.

(Massillon.)

---

(1) Voici un moyen mécanique qui peut beaucoup aider dans les réponses à ces sortes de questions. S'il n'y a point d'article dans la question, mettez LE dans la réponse. S'il y a LA ou LES dans la question, répétez dans la réponse ces mots tels qu'ils sont dans la demande. Ex. : Hortense, êtes-vous studieuse ? Il faut : oui, je le suis, parce qu'il n'y a point d'article dans la question. Hortense, êtes-vous la nièce de m[illegible] ? Il faut dire : oui, je la suis, parce qu'il y a le mot LA dans la demande.

(2) La syllepse est une figure par laquelle on fait accorder les mots avec les idées qu'on a dans l'esprit, plutôt qu'avec les mots qui les représentent.

Le légat publia une sentence d'interdit sur tout le royaume ; IL dura sept mois.

On avait fait trève, mais ELLE n'a pas duré long-temps.

Vous avez droit de chasser dans cette plaine, et je LE trouve très-fondé.

Il faut remplacer le mot LA et les pronoms ELLE et IL, par le mot LE, ou rappeler le substantif qui précède, ou enfin donner un autre tour à sa phrase.

QUATRIÈME RÈGLE. On ne doit jamais omettre les pronoms LE, LA, LES devant LUI, LEUR, quand le verbe a deux compléments, l'un direct et l'autre indirect :

C'est donc faire une faute grave de dire :

Cet enfant m'a demandé la permission de sortir, je LUI ai accordée.

Il faut dire :

Je LA LUI ai accordée.

§ II.

Des Pronoms démonstratifs.

PREMIÈRE RÈGLE. Lorsque le sujet d'une proposition est exprimé par plusieurs infinitifs, il faut mettre devant le verbe ÊTRE le pronom CE, pour rappeler ce sujet. Ex. :

Manger, boire, dormir, se promener, C'EST l'occupation la plus ordinaire des gens riches.

DEUXIÈME RÈGLE. Il faut rappeler le sujet par CE, lors même qu'il est exprimé par un seul infinitif, et que cet infinitif est suivi de compléments assez étendus pour éloigner le sujet de l'attribut. Ex. :

Tourner en plaisanterie les choses les plus sérieuses, C'EST un des traits principaux du caractère des français.

Remarque. Dans ces sortes de phrases :

Ce qui me chagrine le plus dans votre conduite, c'est votre obstination à soutenir le mensonge.

Ce qui me fâche, dans cette circonstance, c'est de ne pouvoir faire pour vous ce que mon cœur désire.

Plusieurs personnes suppriment CE devant le verbe ÊTRE ; l'Académie a décidé qu'il est plus élégant, de le répéter.

TROISIÈME RÈGLE. CE, suivi du verbe ETRE, demande le verbe au singulier, si le mot qui vient après est un nom ou un pronom précédé d'une préposition. Ex. :

C'EST des contraires que résulte l'harmonie du monde.

(Bernardin-de-St-Pierre.)

Cruel, C'EST à ces Dieux que vous sacrifiez.

(Racine.)

QUATRIÈME RÈGLE. CE demande encore le verbe ETRE

au singulier, si ce verbe est suivi d'un pronom de la première ou de la seconde personne, soit du singulier, soit du pluriel. Ex. :

C'EST NOUS qu'on injurie ; C'EST VOUS qu'il faut remercier.

CINQUIÈME RÈGLE. Après le pronom CE, on met le verbe ETRE au pluriel, si ce verbe est suivi immédiatement d'un nom pluriel ou des pronoms EUX, ELLES. Ex.:

CE ne SONT ni LES ARTS ni LES MÉTIERS qui dégradent l'homme, CE SONT LES VICES.

(Bernardin-de-St.-Pierre.)

CE SONT EUX qui ont contribué à ma perte.

CE FURENT ELLES qu'on loua de leur bonne conduite.

Les pronoms démonstratifs CELUI, CELLE, CEUX, CELLES, ne peuvent pas être suivis immédiatement d'un adjectif ou d'un participe. (1)

Au lieu de dire :

Carès inventa les augures tirés des oiseaux, et Orphée ceux tirés des autres animaux.

Dites :

Ceux qui sont tirés des autres animaux:

PREMIÈRE REMARQUE. On met le verbe ETRE au singulier, s'il est suivi de deux substantifs singuliers, parce qu'alors aucun des substantifs ne forme une troisième personne du pluriel. Ex. :

Ce N'EST ni l'or ni la grandeur qui nous rendent heureux.

Et non :

Ce ne SONT ni l'or. etc.

DEUXIÈME REMARQUE. Dans les propositions interrogatives, il est mieux de dire :

EST-ce vos amis, SERA-ce vos amis que je verrai demain ?

Que :

SONT-ce vos amis, SERONT-ce vos amis que je verrai demain ?

Mais on dit.

ETAIENT-ce vos sœurs, SERAIENT-ce vos sœurs que j'ai rencontrées hier ?

(1) Boniface, le Journal grammatical et la Grammaire nationale citent beaucoup d'exemples contraires à cette règle donnée par Chapsal, Lefranc et plusieurs autres Grammairiens estimés.

N'écrivez pas :

FUSSENT-CE les Phéniciens qui inventèrent l'écriture.

Mais FUT-CE les Phéniciens. etc.

TROISIÈME REMARQUE. Le pronom CE contribuant beaucoup à l'élégance et à l'énergie du discours, il est bon que les élèves en étudient l'emploi dans nos meilleurs auteurs, pour acquérir le moyen de varier leur style qui dans leurs compositions est trop souvent uniforme.

Ainsi, au lieu de dire :

L'envie occasionna le premier meurtre dans le monde.

On dira mieux :

CE FUT l'envie qui occasionna le premier meurtre dans le monde.

Au lieu de dire :

Laisser le crime en paix, est s'en rendre complice.

On dira mieux :

Laisser le crime en paix, C'EST s'en rendre complice.

(Crébillon.)

Au lieu de dire :

Un nom trop tôt fameux est un poids bien pesant.

On dira mieux :

C'EST un poids bien pesant qu'un nom trop tôt fameux.

(Voltaire, Henriade.)

Au lieu de dire :

Vous me priez en vain.

On dira mieux :

C'EST en vain que vous me priez.

(Lefranc.)

§ III.

Des Pronoms relatifs.

QUI.

PREMIÈRE REGLE. Le pronom relatif QUI, sujet de la proposition, est toujours de la même personne que le nom ou pronom qui lui sert d'antécédent.

On doit dire :

C'est moi QUI AI été témoin de cet événement.

C'est toi QUI SERAS récompensé.

C'est Cadmus QUI A été l'inventeur de l'écriture.

C'est nous QUI AVONS remporté la victoire.

C'est vous QUI AVEZ méprisé la loi du Seigneur.

Ce sont les Juifs qui ont inventé les lettres de change.

DEUXIÈME RÈGLE. Le pronom relatif doit toujours être placé immédiatement après son antécédent. Toute autre place produirait un sens équivoque. Ex. :

Vous vous êtes conduit avec une prudence dans cette affaire, QUI est rare, et tout-à-fait digne d'éloge.

Est-ce L'AFFAIRE qui est rare? Non : c'est LA PRUDENCE. On fera donc disparaître le sens louche de cette phrase, en rapprochant le pronom de l'antécédent, *prudence*, et en disant :

Vous vous êtes conduit dans cette affaire avec une prudence qui est rare, et tout-à-fait digne d'éloge.

TROISIÈME RÈGLE. QUI, sujet de la proposition, se dit des personnes et des choses. Ex. :

Titus QUI fit le bonheur de ses sujets, fut appelé les délices du genre humain.

La grammaire QUI enseigne l'art de parler et d'écrire correctement fait, tous les jours, de grands progrès.

On emploie quelquefois LEQUEL, LAQUELLE, LESQUELS, LESQUELLES, lorsque le pronom QUI pourrait donner lieu à quelque équivoque. Ex. :

C'est un effet de la divine providence LEQUEL attire l'admiration de tout le monde.

Que l'on mette QUI au lieu de LEQUEL, on ne saura pas si c'est la divine providence, ou l'effet de la divine providence qui attire l'admiration.

QUATRIÈME RÈGLE. Quand le pronom relatif QUI est employé deux fois comme sujet, il faut éviter que ce pronom se rapporte tantôt à un antécédent, tantôt à un autre.

Ainsi, ne dites pas :

Votre LETTRE QUI m'a été remise par une PERSONNE QUI est connue de vous et de moi, m'a été fort agréable.

(*Lefranc.*)

Le premier QUI se rapporte à LETTRE, et le second se rapporte à PERSONNE. Il faut changer de tournure et dire :

Votre LETTRE QUE m'a remise une PERSONNE QUI est connue de vous et de moi, m'a été fort agréable.

CINQUIÈME RÈGLE. Toutes les fois qu'un substantif, employé comme attribut, est précédé d'un article ou d'un mot qui en tient la place, le relatif QUI représente ce substantif, et c'est avec ce relatif que s'accorde le verbe qui suit. Ex. :

Etes-vous donc encore ce grand seigneur qui VENAIT souper chez un misérable poète?

(Boileau.)

Souviens-toi que je suis LE SEUL QUI T'A déplu.

(Le même.)

S'il vous souvient pourtant que je suis LA PREMIÈRE,
QUI vous AIT appelé de ce doux nom de père.

(Racine.)

Je suis CE GREC enfin QUI, dans ces mêmes murs, BALANÇA ton destin.

(Lanoue.)

SIXIÈME RÈGLE. Si le substantif qui est avant le relatif n'est pas précédé d'un article ou d'un mot équivalent, le verbe ne s'accorde plus avec le relatif, mais avec le pronom qui précède le substantif. Ex. :

Je suis Diomède QUI BLESSAI Vénus au siége de Troie.

(Fénelon.)

Ces principes posés, les phrases suivantes sont :

VICIEUSES.	CORRECTES.
Vous parlez EN HOMMES QUI ENTENDEZ la matière.	Vous parlez EN HOMME (comme des hommes) QUI ENTENDENT la matière.
Pauline, vous êtes L'ÉLÈVE QUI AVEZ le mieux satisfait vos maîtres.	Pauline, vous êtes L'ÉLÈVE QUI A le mieux satisfait ses maîtres.
Vous êtes LE SEUL HOMME QUI M'AYEZ rendu service.	Vous êtes LE SEUL HOMME QUI M'AIT rendu service.
Je suis CE FIER SAMSON QUI AI fait écrouler les voûtes du temple.	Je suis CE FIER SAMSON, QUI A fait écrouler les voûtes du temple.
Si c'était MOI QUI EUT le premier commis cette faute, je serais moins excusable.	Si c'était MOI QUI EUSSE le premier commis cette faute, je serais moins excusable.
Si c'était MOI QUI SE FERAIT prier. *(Molière.)*	Si c'était MOI QUI ME FERAIS prier.

VICIEUSES.	CORRECTES.
O Richard ! ô mon Roi !	O Richard ! ô mon Roi !
L'univers t'abandonne ;	L'univers t'abandonne ;
Sur la terre, il n'est donc que MOI,	Sur la terre, il n'est donc que MOI,
QUI S'intéresse à ta personne. (1)	QUI M'intéresse à ta personne.

(Sedaine.)

SEPTIÈME RÈGLE. QUI employé comme complément indirect, c'est-à-dire, précédé de quelqu'une des prépositions A, DE, SUR, CONTRE, POUR, etc., ne se dit que des personnes. En parlant des choses, on se sert de LEQUEL, LAQUELLE, LESQUELS, LESQUELLES.

AU LIEU DE DIRE :	DITES :
Les ressources sur QUI je ne comptais plus.	Les ressources sur LESQUELLES je ne comptais plus.
Le vaisseau à QUI j'ai confié ma fortune.	Le vaisseau AUQUEL j'ai confié ma fortune.
Le mur contre QUI je me suis appuyé.	Le mur contre LEQUEL je me suis appuyé.
La ville par QUI je devais passer.	La ville par LAQUELLE je devais passer.
Le chien est l'animal à qui l'on s'attache le plus.	Le chien est l'animal AUQUEL on s'attache le plus.

Si l'on personnifie les êtres inanimés, alors on peut se servir du pronom QUI après les prépositions dont nous avons parlé. Ex. : (2)

ROCHERS à QUI je me plains ; BOIS à QUI je confie mes peines.

(Marmontel.)

(1) Tous les Grammairiens, (et nous citerons particulièrement Boniface, Jacquemard, Boinvilliers et Girault-Duvivier) ne sont pas d'accord sur l'application des deux règles que nous avons données

(2) On trouve dans Rousseau, dans Racine, dans Voltaire, dans Corneille et dans La Fontaine, des exemples contraires à ces règles. Les poètes, dans le feu de la composition, consultent moins les règles de la Grammaire que le génie qui les échauffe et les inspire.

Soutiendrez-vous un faix sous QUI Rome succombe.

(Corneille.)

Je pardonne à la main par QUI Dieu m'a frappé.

(Voltaire.)

Ce sont là les vrais sacrifices,
Par QUI nous pouvons étouffer
Les semences de tous les vices,
Qu'on voit ici-bas triompher.

(J.-B. Rousseau.)

En prose on aurait employé les pronoms LEQUEL, LAQUELLE, LESQUELS.

QUE.

QUE n'est jamais le sujet du verbe, il en est toujours le complément. Ex. :

La Grammaire QUE je cultive ; la Religion QUE je professe.

Ce que nous avons dit sur l'emploi du pronom QUI peut s'appliquer à l'emploi du pronom QUE ; c'est-à-dire, qu'il ne faut jamais l'éloigner de son antécédent, et que s'il peut donner lieu à quelque équivoque, ou rendre le sens de la phrase louche et embarrassé, il faut le remplacer par l'un des mots LEQUEL, LAQUELLE, LESQUELS, LESQUELLES.

Ainsi au lieu de dire :

J'ai demandé UNE FAVEUR à votre AMITIÉ QUE vous ne pouvez me refuser.

Dites, en rapprochant le QUE de l'antécédent qu'il est destiné à rappeler :

J'ai demandé à votre amitié une FAVEUR QUE vous ne pouvez me refuser.

Autrement, on ne saurait si QUE doit rappeler AMITIÉ ou FAVEUR.

DONT.

DONT s'emploie en parlant des personnes et des choses. Ex. :

Les choses DONT on se plaint de manquer sont souvent les moins nécessaires.

(Lefranc.)

Reste impur des brigands DONT j'ai purgé la terre.

(Racine.)

OU.

OU employé pour LEQUEL, LAQUELLE, LESQUELS, LESQUELLES, est un pronom relatif ; il ne se dit que des choses. Ex. :

L'instant ou nous vivons est un pas vers la mort.

(Voltaire.)

Heureux qui satisfait de son humble fortune,
Libre du joug superbe ou je suis attaché,
Vit dans l'état obscur ou les Dieux l'ont placé.

(Racine.)

REMARQUE. On ne dit pas indifféremment LA MAISON OU IL SORT, et LA MAISON DONT IL SORT.

Le mot MAISON dans la première expression est pris au propre, il marque positivement le LIEU ; dans la seconde expression, le même mot est pris au figuré, il signifie RACE, FAMILLE.

Cette observation se trouve confirmée par les exemples suivants :

Le corps né de la poudre, à la poudre est rendu ;
L'esprit retourne au ciel DONT il est descendu.

(Racine, le fils.)

Je jure par le ciel, qui me voit confondue,
Par ces grands Ottomans DONT je suis descendue.

(Racine.)

Ici, le verbe qui suit DONT signifie ÊTRE ISSU, ÊTRE NÉ.

Veut-on exprimer une idée de *départ*, *d'extraction*, c'est D'OU qu'il faut employer.

Le péril D'OU je sors a glacé tous mes sens.

(Wailly, Marmontel, Domergue, Chapsal.)

QUOI.

Ce pronom précédé des prépositions A, POUR, SUR, etc., ne se dit que des choses inanimées ; encore, selon l'opinion de Marmontel, est-il plus élégant de se servir des mots LEQUEL, LAQUELLE, etc. Et cela doit avoir lieu, toutes les fois que QUOI a rapport à un nom susceptible de genre et de nombre. Ex. :

Notre salut est la chose A QUOI ou mieux à LAQUELLE nous songeons le moins.

Mais on dira bien :

C'est A QUOI je ne pensais pas.
C'est SUR QUOI je voulais vous consulter.

Parce qu'ici QUOI n'est précédé d'aucun nom variable et déterminé.

§ IV.

Des Pronoms indéfinis.

ON.

PREMIÈRE RÈGLE. Au commencement d'une phrase il faut toujours préférer ON à L'ON. Ex. :

ON garde sans remords ce qu'ON acquiert sans crime.

(Corneille.)

ON ne surmonte le vice qu'en le fuyant.

(Fénelon.)

DEUXIÈME RÈGLE. L'ON ne doit être employé qu'après les mots ET, SI, OU, QUE et QUI. Ex. :

On commettrait moins de fautes, SI L'ON pensait toujours QUE L'ON a Dieu pour témoin.

Au lieu de ON, on emploie aussi L'ON, lorsque la douceur de la prononciation l'exige. Ex. :

CE QUE L'ON CONÇOIT bien s'énonce clairement.

(Boileau.)

Et non CE QU'ON CONÇOIT BIEN.

TROISIÈME RÈGLE. Il ne faut jamais se servir de L'ON, lorsqu'il doit être suivi des pronoms LE, LA, LES. Ne dites pas :

On apportera la gazette, et L'ON LA LIRA.

Dites :

On apportera la gazette, et ON LA LIRA.

Ces principes admis, les vers suivants renferment une faute :

Vous pouvez adorer César, SI L'ON L'adore.

(Corneille.)

Un loup disait que L'ON L'avait volé.

(La Fontaine.)

Ce que je vous dis LA, L'ON LE dit à bien d'autres.

QUATRIÈME RÈGLE. C'est une faute de mettre dans une même phrase deux ON, dont l'un ne se rapporte pas au même sujet que l'autre. Ex. :

ON n'est pas toujours le plus aimé lorsqu'ON nous fait le plus de caresses.

Le premier ON se rapporte à ceux qui ne sont pas le plus aimés, et le second à ceux qui font des caresses : ce sont deux sujets différents. Pour être correct, il faut dire :

ON n'est pas toujours le plus aimé, lorsqu'ON reçoit le plus de caresses.

CINQUIÈME RÈGLE. ON vient par corruption du mot HOMME. Ce pronom est toujours de la troisième personne du singulier, il est du genre masculin, à moins que par le sens de la phrase, il ne se rapporte exclusivement au sexe féminin. Ex. :

On n'est pas plus SPIRITUELLE que Céline.
On n'était pas plus AFFABLE, plus PIEUSE, plus EMPRESSÉE à secourir les pauvres, que cette illustre princesse.

SIXIÈME RÈGLE. ON, singulier de sa nature, demande que les adjectifs et les participes qui s'y rapportent se mettent au pluriel, lorsque le sens indique évidemment une pluralité. Ex. :

On s'aime bientôt, quand ON est SEMBLABLES de mœurs et d'inclination.

(Lefranc.)

Lorsqu'on s'aime tendrement, on n'est pas heureux, quand ON est SÉPARÉS.

(Chapsal.)

Selon Boniface, on peut aussi écrire avec le singulier :

On s'est BATTU, on s'est QUERELLÉ.
On s'était CRU amis, et l'on s'est TROUVÉ rivaux.

CHAPITRE V.

DU VERBE.

§ Ier.

Du Sujet du Verbe.

PREMIÈRE RÈGLE. Le verbe s'accorde en nombre et en personne avec son sujet. Ex. :

LA RELIGION VEILLE sur les crimes secrets ; LES LOIS VEILLENT sur les crimes publics.

(Voltaire.)

Je pense : MA PENSÉE ATTESTE plus un Dieu
Que tout le firmament et ses globes de feu.

Voilé de sa splendeur, dans sa gloire profonde
D'un regard éternel IL enfante le monde.

(Racine, le fils.)

DEUXIÈME RÈGLE. Quand un verbe a plusieurs sujets singuliers, il se met au pluriel.

Et LA TERRE, et le FLEUVE, et LEUR FLOTTE et LE PORT,
SONT des champs de carnage où triomphe la mort.

(Corneille.)

L'AMBITION, L'ORGUEIL, L'ENVIE à l'œil oblique,
TOURMENTAIENT, DÉCHIRAIENT, PERDAIENT la république.

(Andrieux.)

TROISIÈME RÈGLE. On met le verbe au singulier, lorsque plusieurs substantifs singuliers à peu près synonymes forment le sujet. Dans ce cas, les substantifs ne doivent pas être liés par la conjonction ET qui est un signe d'addition ; tandis que ces sortes de phrases n'indiquent qu'un développement, une gradation. Ex. :

LA DOUCEUR, LA BONTÉ du grand Henri, a ÉTÉ CÉLÉBRÉE de mille louanges.

(Pelisson.)

Dans tous les âges de la vie L'AMOUR DU TRAVAIL, LE GOUT DE L'ÉTUDE EST un bien.

(Marmontel.)

QUATRIÈME RÈGLE. Quand le verbe a pour sujet plusieurs substantifs placés pour former une gradation d'idées, il s'accorde avec le dernier, comme étant l'expression dominante. Ex. :

Il ne faut aux Princes et aux Grands ni efforts, ni étude pour se concilier les cœurs ; une seule parole, un sourire gracieux, un seul regard suffit.

(Massillon.)

CINQUIÈME RÈGLE. Quand une expression, telle que NUL, RIEN, TOUT, PERSONNE, etc., réunit tous les sujets d'un verbe en un seul, ce verbe s'accorde avec cette expression, lors même que les sujets qui la précèdent seraient au pluriel. Ex. :

Biens, dignités, honneurs, TOUT DISPARAÎT à la mort ; la vertu seule reste.

Grands et riches, petits et pauvres, NUL ne PEUT se soustraire à cette loi.

(Wailly.)

Dans ces sortes de phrases, le verbe est sous-entendu après chaque substantif : *Les biens périrent, les dignités périrent ; grands et riches ne peuvent se soustraire ; petits et pauvres ne peuvent se soustraire.*

SIXIÈME RÈGLE. Deux ou plusieurs sujets liés par l'une des conjonctions ET, NI, exigent le verbe au pluriel. Ex. :

Quand LUCULLUS vainqueur triomphait de l'Asie,
L'AIRAIN, LE MARBRE ET L'OR FRAPPAIENT Rome éblouie.

(Delille.)

NI L'AVEUGLE HASARD, NI L'AVEUGLE MATIÈRE,
N'ONT pu créer mon ame, essence de lumière.

(Racine, le fils.)

D'après ces principes, et malgré les exemples contraires dont fourmillent les meilleurs auteurs, on doit mettre le pluriel après ces expressions L'UN ET L'AUTRE, NI L'UN NI L'AUTRE. Ex. :

On peut mettre Molière en parallèle avec Racine, L'UN ET L'AUTRE ONT parfaitement connu le cœur de l'homme.

(Vauvenargues.)

L'UN ET L'AUTRE à mon sens ONT le cerveau troublé.

(Boileau.)

NI L'UNE NI L'AUTRE, à ce qu'elles me disent, N'AVAIENT jamais vu d'homme blanc.

(Bibliot. des Voyages.)

C'est un axiôme en grammaire que deux singuliers distincts valent un pluriel. (1)

PREMIÈRE REMARQUE. L'UN ET L'AUTRE indique seulement le nombre deux ; L'UN L'AUTRE, LES UNS LES AUTRES ajoute au nombre deux une idée de réprocité. Ex. :

Racine et Boileau étaient L'UN ET L'AUTRE de grands poètes ; ils s'estimaient et s'aimaient L'UN L'AUTRE.

SECONDE REMARQUE. Quand il est question de plus de deux personnes ou de deux choses, il faut toujours exprimer la réciprocité par LES UNS LES AUTRES. Ainsi n'imitez pas Racine qui a dit :

Tous ses projets s'emblaient L'UN L'AUTRE se détruire.

Il faut dire : LES UNS LES AUTRES.

SEPTIÈME RÈGLE. Si l'un des deux sujets unis par la conjonction NI peut seul faire l'action exprimée par le verbe, celui-ci se met au singulier. On écrira donc :

NI L'UNE NI L'AUTRE N'EST ma mère.

NI L'UN NI L'AUTRE N'OBTIENDRA le prix. NI M. le Duc ni M. le Cardinal NE SERA nommé ambassadeur.

Ne serait-il pas mieux de prendre un autre tour, et de dire :

Aucune de ces femmes n'est ma mère.

Aucun de ces enfants n'obtiendra le prix.

HUITIÈME RÈGLE. Quand deux sujets singuliers de même personne sont liés par la conjonction OU, le verbe qui s'y rapporte se met au singulier. Ex. :

---

(1) Nous ne pouvons cependant pas disconvenir que nos meilleurs Ecrivains se sont écartés de ce principe. La Grammaire nationale en fournit un grand nombre d'exemples. Néanmoins le pluriel est préférable, et c'est à ce nombre que doivent s'arrêter les étudiants. La liberté qu'on leur laisserait d'employer l'un ou l'autre nombre les laisserait flotter dans une indécision qui leur inspirerait une juste méfiance pour les décisions des grammairiens, et par là même nuirait à leur avancement.

Usez, n'abusez point, le sage ainsi l'ordonne.
L'ABSTINENCE OU L'EXCÈS ne FIT JAMAIS d'heureux.

(Voltaire.)

Les jeux que les enfants aiment le mieux sont ceux où le corps est en mouvement; ils sont contents, pourvu qu'ils changent souvent de place: UN VOLANT OU UNE BOULE SUFFIT.

(Fénelon.)

On trouve plusieurs exemples où après deux sujets singuliers liés par ou, le verbe est mis au pluriel. (Voyez la Grammaire nationale.)

REMARQUE. Selon l'Académie, on met le verbe au pluriel, quand les sujets sont exprimés par des pronoms de différentes personnes. Ex. :

VOUS OU MOI, IRONS à Paris.
VOUS OU LUI, VIENDREZ me voir.

On peut dire aussi :

VOUS OU MOI, NOUS IRONS à Paris.
VOUS OU LUI, VOUS VIENDREZ me voir.

Dans ces sortes de phrases, le verbe s'accorde avec la personne qui a la priorité. Ainsi, des trois personnes, la première l'emporte sur la seconde, et la seconde sur la troisième.

Comme ces constructions présentent une irrégularité qu'il est difficile de justifier, il vaudrait peut-être mieux dire :

L'UN DE NOUS DEUX ira à Paris.
L'UN DE VOUS DEUX viendra me voir.

DIXIÈME RÈGLE. Quand plusieurs sujets unis par les expressions conjonctives telles que COMME, DE MÊME QUE, AINSI QUE, AUSSI BIEN QUE, AUTANT QUE, NON MOINS QUE, NON PLUS QUE, le verbe s'accorde avec le premier sujet, c'est-à-dire, avec celui qui précède ordinairement les conjonctions. Ex. :

L'HOMME, ainsi que la vigne, A besoin d'un support.

(Dufresnel.)

L'AME, comme le corps, ne se DÉVELOPPE que par l'exercice.

(Bernardin-de-St.-Pierre.)

C'EST SON AMBITION, plus encore que SES REVERS, qui A CAUSÉ sa perte.

(Journal grammatical.)

Ce sont SES REVERS, plus que SON AMBITION, qui ONT CAUSÉ sa perte.

(Le même.)

Quoi qu'il en soit de la règle que nous avons établie, les Écrivains font souvent accorder le verbe avec le nom qui exprime l'idée principale, l'idée dominante. C'est ainsi qu'on trouve dans Vertot :

C'était moins LA NAISSANCE que LES DIGNITÉS curules qui DÉCIDAIENT de la noblesse.

Et dans le Journal que nous avons cité :

Ce sont moins SES REVERS que SON AMBITION qui L'A PERDU.

C'est moins SA BEAUTÉ que SES VERTUS qui SÉDUISENT les cœurs.

ONZIÈME RÈGLE. Le collectif général suivi d'un pluriel ou d'un singulier demande le verbe au singulier. Ex. :

L'infinité des perfections de Dieu m'ACCABLE.

L'armée des infidèles FUT entièrement défaite.

(*Académie.*)

DOUZIÈME RÈGLE. Le collectif partitif et les adverbes de quantité, comme BEAUCOUP, PEU, ASSEZ, MOINS, PLUS, TROP, TANT, COMBIEN, et QUE, dans le sens de COMBIEN, suivis d'un pluriel, exigent après eux le pluriel ; si le collectif partitif et les mêmes adverbes sont suivis d'un singulier, il faut mettre le verbe au singulier. Ex. :

POUR LE PLURIEL :

Une troupe de NYMPHES couronnées de fleurs NAGEAIENT en foule derrière le char.

(*Fénelon.*)

Une nuée de BARBARES DÉSOLÈRENT le pays.

(*Académie.*)

Ce long amas D'AÏEUX que vous diffamez tous,
SONT autant de témoins qui parlent contre vous.

(*Boileau.*)

Une multitude DE PASSIONS DIVISENT les hommes oisifs dans les villes.

(*Bernardin-de-St.-Pierre.*)

POUR LE SINGULIER.

Un nombre infini de MONDE ASSISTAIT à ce spectacle.

(*Académie.*)

Jamais tant de BEAUTÉ FUT-elle couronnée.

(*Racine.*)

Tant de TÉMÉRITÉ SERAIT bientôt punie.

(*Voltaire.*)

La plupart DU MONDE ne se SOUCIE pas de l'intention ni de la diligence des auteurs.

(*Racine.*)

REMARQUE. Les mots BEAUCOUP, PEU, ASSEZ, MOINS, PLUS, TROP, TANT, COMBIEN, QUE, employés dans le sens de

COMBIEN, et LA PLUPART rappelant un substantif pluriel, veulent le verbe au pluriel : l'accord a lieu avec le substantif sous-entendu. Ex. :

La plupart EMPORTÉS d'une fougue insensée,
Toujours loin du droit sens VONT chercher la pensée.

(*Boileau.*)

Il y a beaucoup D'APPELÉS et peu D'ÉLUS.

C'est-à-dire la plupart des HOMMES ; beaucoup D'HOMMES ; peu D'HOMMES.

Une foule d'Ecrivains dans ces sortes de phrases ont fait accorder le verbe avec le collectif ou avec le substantif suivant, selon que leur esprit était plus occupé de l'idée exprimée par le substantif, mis après le collectif, que de l'idée énoncée par le collectif lui-même. (Voir Boniface et la Grammaire nationale.)

TREIZIEME RÈGLE. Un verbe ayant pour sujet l'expression PLUS D'UNE met au singulier.

Aux temps les plus féconds en Phrynés, en Laïs,
PLUS D'UNE Pénélope HONORA son pays.

(*Boileau.*)

PLUS D'UN Mathieu Garo s'ÉRIGE en novateur,
Lucas est usurier, Colas agioteur.

(*Delille.*)

Lorsque PLUS D'UN est répété, on peut mettre le verbe au pluriel. Ex. :

PLUS D'UN brave guerrier, plus d'un vieux sénateur,
RAPPELAIENT vos beaux jours.

(*Delille.*)

§ II.

Des Compléments du Verbe.

PREMIÈRE RÈGLE. Un verbe ne peut jamais avoir deux compléments directs, à moins que ces compléments ne soient liés par une conjonction. Ainsi, l'on ne dira pas :

Ne vous informez pas CE que je deviens, CE que je fais, CE que je dis.

Vous et CE sont deux compléments directs ; c'est comme si l'on disait : N'INFORMEZ PAS VOUS CETTE CHOSE.

Il faut dire :

Ne vous informez pas DE CE que je deviens, DE CE que je fais, DE CE que

Vous est le complément direct, et DE CE, le complément indirect.

DEUXIÈME RÈGLE. C'est une faute de donner à un verbe deux compléments indirects pour exprimer le même rapport. Le sévère Boileau a fait une faute, lorsqu'il a dit:

C'est A VOUS, mon esprit, A QUI je veux parler.

A vous et A QUI sont deux compléments indirects qui expriment le même rapport; c'est comme s'il y avait: JE VEUX PARLER A VOUS A QUI.

Il faut dire :

C'est vous, mon esprit, A QUI je veux parler.

Ou :

C'est A VOUS, mon esprit, QUE je veux parler.

Les vers suivants sont corrects :

C'est A ROME, mon fils, QUE je prétends marcher.

(*Racine.*)

Ce n'est pas DE CELA QU'IL s'agit aujourd'hui.

(*La Fontaine.*)

C'est A VOUS ombre illustre, A VOUS QUE je le dois.

(*Voltaire.*)

TROISIÈME RÈGLE. On ne doit pas donner à un verbe un complément différent de celui qui lui est propre. Ainsi les verbes NUIRE, SUCCÉDER, SOURIRE, PLAIRE, etc. voulant des compléments indirects, on ne dira pas :

Ils se sont nui, ils se sont succédé, ils se sont souri, ils se sont plu LES UNS LES AUTRES.

Mais :

Ils se sont nui, ils se sont succédé, ils se sont souri LES UNS AUX AUTRES.

QUATRIÈME RÈGLE. Les verbes employés passivement, c'est-à-dire, formés du participe passé et d'un des temps du verbe être, veulent, en général, la préposition DE avant leur complément, lorsque l'action marquée par ces verbes exprime un sentiment, une passion, une opération de l'ame. Ex. :

Etre aimé DE ses parents, être estimé DES honnêtes gens.

Les mêmes verbes veulent la préposition PAR avant leur complément, lorsque l'action se rapporte seulement à l'esprit ou au corps. Ex. :

Darius a été vaincu PAR Alexandre Athalie et Esther ont été composées PAR Racine pour la maison de St-Cyr.

Hors ces deux cas, on emploie indifféremment DE ou AR.

Une maison frappée DE la foudre, ou PAR la foudre.

Un arbre abattu D'UN coup de vent, ou PAR un coup de vent.

REMARQUE. Si le verbe employé passivement a deux ompléments, celui de la chose et celui de la personne, l faut pour éviter la répétition de la préposition DE, e servir de la préposition PAR pour le complément de la ersonne, et de la préposition DE pour celui de la chose. Ex.:

Louis XIV a été loué PAR Boileau D'une manière fort ingénieuse.

(Lefranc.)

Votre conduite a été approuvée D'une commune voix PAR toutes les personnes sages et éclairées.

(Wailly.)

De l'emploi des Modes et des Temps du Verbe.

INFINITIF.

PREMIÈRE RÈGLE. L'infinitif s'emploie comme sujet, omme attribut et comme complément.

Comme sujet. Ex.:

MENTIR pour s'excuser, est un des défauts les plus ordinaires à la eunesse.

HAÏR est un tourment.

Comme attribut. Ex.:

Servir Dieu, c'est L'AIMER.

Souffler n'est pas JOUER.

Comme complément. Ex.:

Vouloir TROMPER le ciel, c'est folie à la terre.

(La Fontaine.)

DEUXIÈME RÈGLE. L'infinitif employé comme complément peut former un sens louche ou équivoque; c'est un défaut que l'écrivain doit éviter.

La phrase suivante est louche:

La vie est trop courte pour en PERDRE la moindre partie.

Ici, l'infinitif a l'air de se rapporter à la vie, il semble aussi se rapporter à nous, donc la phrase est louche.

Il faut dire :

La vie est trop courte, POUR QUE NOUS EN PERDIONS la moindre partie.

La phrase suivante est équivoque :

Ce n'est que POUR DONNER que le Seigneur nous donne;

L'infinitif DONNER semble se rapporter à Seigneur, tandis qu'il doit se rapporter à NOUS.

On doit donc dire :

Ce n'est que POUR QUE NOUS DONNIONS que le Seigneur nous donne.

Il y a des infinitifs après lesquels on met la préposition A ; d'autres après lesquels on met la préposition DE, d'autres enfin, qui ne sont suivis d'aucune préposition. Quoique l'usage, mieux que les préceptes, apprenne ces distinctions, nous pensons que les jeunes étudiants ne liront pas sans utilité pour leur instruction les observations suivantes.

Des Verbes qui ont pour Complément un Infinitif.

PREMIÈRE RÈGLE. Les verbes AIMER MIEUX, COMPTER, CROIRE, DAIGNER, DEVOIR, ENTENDRE, FAIRE, VALOIR, POUVOIR, S'IMAGINER, PRÉTENDRE, SAVOIR, VALOIR MIEUX, VOULOIR, ayant pour complément un autre verbe à l'infinitif, cet infinitif ne doit être précédé d'aucune préposition. Ex. :

C'est lui que je PRÉTENDS HONORER, aujourd'hui.

(Racine.)

Je VOUDRAIS INSPIRER l'amour de la retraite.

(La Fontaine.)

La Religion seule FAIT SUPPORTER les grandes infortunes.

(Lefranc.)

REMARQUE. Lorsque les verbes VENIR, ALLER, COURIR, REVENIR, RETOURNER sont suivis d'un infinitif, cet infinitif n'est pas le complément des verbes VENIR, ALLER, COURIR, REVENIR, RETOURNER, mais celui de la préposition POUR sous-entendue. Ex. :

Jésus-Christ est VENU SAUVER les hommes ; c'est-à-dire, POUR SAUVER les hommes.

Quand le printemps REVIENDRA EMBELLIR la nature ; c'est-à-dire, POUR EMBELLIR la nature.

Marius VA VENIR en ces lieux ; c'est-à-dire, POUR VENIR en ces lieux.

Les verbes neutres, comme ALLER, VENIR, COURIR et RETOURNER, ne peuvent avoir de complément direct.

DEUXIÈME RÈGLE. Les verbes qui veulent pour complément un infinitif précédé de la préposition A, sont EXCELLER, AIMER, AUTORISER, BALANCER, CONSENTIR, DÉCIDER, APPRENDRE, ENCOURAGER, EXHORTER, HABITUER, HÉSITER, S'OBSTINER, PENSER, PERSISTER, RENONCER, RÉPUGNER, etc. (Voir pour les autres, au nombre de plus de CENT, la Grammaire nationale.) Ex. :

Tel EXCELLE A RIMER qui juge sottement,

(Boileau.)

La libéralité CONSISTE moins A DONNER qu'A DONNER à propos.

(La Bruyère.)

Elle AIMAIT A PRÉVENIR les injures par sa bonté.

(Bossuet.)

TROISIÈME RÈGLE. Quelques verbes se construisent avec la préposition DE, lorsqu'ils ont pour complément un autre verbe à l'infinitif. Ce sont : S'ABSTENIR, APPRÉHENDER, CHANGER, CRAINDRE, DÉLIBÉRER, DÉSERTER, DISPENSER, AVERTIR, COMMANDER, BLAMER, CONSEILLER, DÉSESPÉRER, DIRE, EMPÊCHER, ESSAYER, CESSER, CONVENIR, DÉSIRER, FRÉMIR, ÉVITER, etc. (Voir la Grammaire nationale.) Ex. :

Sans cesse on prend le masque, et quittant la nature,
On CRAINT DE SE MONTRER sous sa propre figure.

(Boileau.)

Un vers était trop faible, et vous le rendez dur,
J'ÉVITE D'ÊTRE long, et je deviens obscur.

(Le même.)

RECOMMANDEZ à vos enfants DE FUIR le vice, et D'AIMER la vertu.

(Académie.)

REMARQUE. La préposition A et la préposition DE placées devant un infinitif complément d'un autre verbe, ne rendent point ce complément indirect. Ainsi dans ces phrases :

On estime un enfant qui aime A ÉTUDIER.

Cérès enseigna à Triptolème à cultiver la terre.

La Religion nous apprend à pardonner.

Il craint d'immoler une fille chérie.

Les infinitifs ÉTUDIER, CULTIVER, PARDONNER, IMMOLER, sont des compléments directs, parce qu'ils répondent à la question QUOI ; ces infinitifs sont les équivalents d'un substantif, c'est comme si l'on disait :

On estime l'enfant qui aime L'ÉTUDE.

Cérès enseigna à Triptolème LA CULTURE de la terre, etc.

QUATRIÈME RÈGLE. Plusieurs verbes ayant pour complément un infinitif, sont suivis indifféremment de la préposition A ou de la préposition DE, c'est le goût et l'oreille qui doivent alors décider. De ce nombre, sont les verbes suivants : COMMENCER, CONTRAINDRE, CONTINUER, DÉTERMINER, S'EMPRESSER, ENGAGER, ESSAYER, FORCER, OBLIGER, RÉSOUDRE, SOLLICITER, SOUFFRIR, TARDER. Ex. :

Je COMMENCE A ROUGIR de mon oisiveté.

(Racine.)

Puisque J'AI COMMENCÉ DE ROMPRE le silence.

(Le même.)

Ah ! l'on S'EFFORCE en vain DE ME FERMER la bouche.

(Le même.)

Laissez-moi M'EFFORCER, cruel, A VOUS HAÏR.

(Voltaire.)

INDICATIF.

PREMIÈRE RÈGLE. On emploie le mode indicatif, quand on veut indiquer, affirmer qu'une chose est, qu'elle a été, qu'elle sera. Ce mode embrasse toutes les époques.

DEUXIÈME RÈGLE. Veut-on exprimer une chose qui a lieu à l'instant où l'on parle, ou qui est vraie dans tous les temps, on se sert du présent de l'indicatif, lors même que le premier verbe est à l'imparfait ou au passé. Les phrases suivantes sont incorrectes :

J'ai appris que vous PASSIEZ l'été à la campagne.

Ovide disait que l'étude ADOUCISSAIT les mœurs.

Je crois vous avoir prouvé que Dieu EXISTAIT.

Il faut dans la première phrase QUE VOUS PASSEZ, parce que la chose existe au moment où l'on parle ; ADOUCIT et EXISTE dans les deux autres phrases, parce que c'est une chose vraie dans tous les temps que l'étude adoucit les mœurs, et que Dieu existe.

TROISIÈME RÈGLE. On emploie quelquefois le présent pour exprimer une chose passée. Ex. :

J'ai vu, seigneur, j'ai vu votre malheureux fils
Traîné par les chevaux que sa main a nourris,
Il VEUT les rappeler, et sa voix les EFFRAIE.
Ils COURENT : tout son corps n'EST bientôt qu'une plaie.
De nos cris douloureux la plaine RETENTIT ;
Leur fougue impétueuse enfin se RALENTIT.
Ils S'ARRÊTENT non loin de ces tombeaux antiques,
Où des Rois ses aïeux SONT les froides reliques.
Je COURS en soupirant, et sa garde me SUIT ;
De son généreux sang la trace nous CONDUIT,
Les rochers en SONT teints, les ronces dégouttantes,
PORTENT de ses cheveux les dépouilles sanglantes.
J'ARRIVE, je L'APPELLE, et me tendant la main,
Il OUVRE un œil mourant qu'il REFERME soudain.

(Racine.)

Substituez dans ce morceau, et dans toute la description de la mort d'Hippolyte le passé au présent, vous n'avez plus un tableau vivant, animé, plein de chaleur, qui vous met sous les yeux la fin déplorable du malheureux fils de Thésée ; c'est un récit froid, sans couleur, dont les sons viennent frapper votre oreille, sans émouvoir votre cœur.

Il faut avoir soin, lorsqu'on emploie des présents pour des passés, de ne pas se servir des uns et des autres dans la même phrase. Ainsi au lieu de dire :

Tandis que le cardinal Mazarin GAGNE des batailles contre les ennemis de l'état, les siens COMBATTAIENT contre lui.

Il faut dire :

Les siens COMBATTENT contre lui.

Les troupes SORTENT aussitôt du camp, et dès qu'elles FURENT en présence de l'ennemi, elle le CHARGÈRENT vigoureusement.

Il faut dire :

Et dès qu'elles SONT en présence de l'ennemi, elles le CHARGENT vigoureusement.

QUATRIÈME RÈGLE. Lorsqu'on parle d'une chose faite dans un temps entièrement écoulé, dont il ne reste plus rien, comme HIER, LE MOIS DERNIER, on se sert du passé défini ou du passé antérieur défini. Ex. :

JE REÇUS, la semaine dernière, une lettre de mon ami. Hier, JE M'OCCUPAI de votre affaire.

J'EUS FINI mon ouvrage, hier, avant cinq heures.

Il faut observer que pour employer ces temps, il doit y avoir au moins un jour d'intervalle entre le temps où la chose s'est faite, et le temps où l'on parle. Ainsi, le soir, il ne faudrait pas dire :

JE REÇUS une lettre de mon ami.

Il faut dire : J'AI REÇU.

CINQUIÈME RÈGLE. Si l'on ne désigne pas le temps où la chose s'est faite, ou que l'on désigne un temps qui ne soit pas entièrement écoulé, on emploie alors le passé indéfini ou le passé antérieur indéfini, comme dans ces phrases :

NOUS AVONS REÇU, aujourd'hui, des nouvelles de l'armée.

J'AI EU FINI, ce matin, ma lettre, avant midi.

On peut dire aussi :

NOUS AVONS REÇU, hier, des nouvelles de l'armée.

J'AI EU FINI, hier, ma lettre, avant midi.

Parce que ces deux temps s'emploient pour les deux époques.

SIXIÈME RÈGLE. On ne doit pas employer le plusque-parfait au lieu du passé indéfini, lorsqu'on veut exprimer seulement une chose passée, mais non antérieure à une autre chose également passée. Au lieu de dire :

J'ai appris que vous AVIEZ PASSÉ les vacances, à Paris.

Dites :

J'ai appris que vous AVEZ PASSÉ.

SEPTIÈME RÈGLE. C'est une faute de se servir du conditionnel au lieu du futur, lorsqu'on veut exprimer une chose qui aura lieu, indépendamment de toute condition. La phrase suivante est incorrecte :

On m'a assuré que vous SORTIRIEZ, cette année, de pension.

Il faut dire :

On m'a assuré que vous SORTIREZ.

IMPÉRATIF.

PREMIÈRE RÈGLE. Veut-on commander, prier, exhorter, souhaiter, on fait usage de l'impératif. Ex. :

Qu'aux accents de ma voix la terre se réveille ;
Rois, SOYEZ attentifs ; Peuples, OUVREZ l'oreille.

(*J.-B. Rousseau.*)

SECONDE RÈGLE. On se sert quelquefois du futur, au lieu de l'impératif, pour exprimer un commandement. Ex.

Tu ne tueras pas ; tu adoreras le Seigneur.

C'est comme si l'on disait :

Ne tue pas, adore le Seigneur.

DU SUBJONCTIF.

Le subjonctif marque un jugement accompagné de doute, de crainte, de désir, de possibilité, d'étonnement, d'incertitude ; par le subjonctif, on énonce une action, un état, un événement dépendant d'un autre.

Voici, entre autres règles, sur l'emploi du subjonctif, celles sur lesquelles se sont accordés tous les Grammairiens, et qui ont été généralement observées par nos meilleurs écrivains.

On emploie le subjonctif : 1. après les verbes qui expriment le DÉSIR, le DOUTE, la VOLONTÉ, la CRAINTE, le COMMANDEMENT, la DÉFENSE, le REGRET, etc. Ex. :

Je CONSENS qu'en partant Nérestan la REVOIE ;
Je VEUX que tous les cœurs SOIENT heureux de ma joie.

(*Voltaire.*)

J'ai même DÉFENDU par une expresse loi,
Qu'on OSAT prononcer votre nom devant moi.

(*Racine.*)

Je DOUTE qu'il y AIT un vice plus détestable que l'avarice.

(*Lefranc.*)

2. Quand la proposition est interrogative ou négative. Ex. :

On NE peut NIER, sans blasphémer, que la puissance divine ne S'ÉTENDE à toute chose.

(*Lefranc.*)

Toi qui connais Pyrrhus, que PENSES-TU qu'il FASSE ?

(*Racine.*)

REMARQUE. On laisse cependant le verbe à l'indicatif, lorsque l'interrogation n'est qu'un tour oratoire, employé pour affirmer davantage ce que l'on veut faire entendre :

Madame, OUBLIEZ-VOUS
Que Thésée EST mon père, et qu'il EST votre époux ?

(*Racine.*)

CROIRAI-JE qu'un mortel, avant sa dernière heure,
PEUT pénétrer des morts la profonde demeure ?

(*Le même.*)

3. Après les verbes impersonnels ou employés impersonnellement. Ex. :

IL SEMBLE que les grandes entreprises SOIENT parmi nous plus difficiles à mener que chez les anciens.

(Montesquieu.)

IL SEMBLAIT qu'un spectacle si doux
N'ATTENDÎT en ces lieux qu'un témoin tel que vous.

(Racine.)

Cependant IL SEMBLE ayant pour complément un des pronoms ME, TE, NOUS, VOUS, LUI, LEUR, veut l'indicatif. Ex. :

IL ME SEMBLE que c'EST une faute, en tous pays, que d'avoir débuté par un épisode qui ne tient en rien au reste de la pièce.

(Voltaire.)

4. Les impersonnels IL PARAÎT, IL EST JUSTE, IL RÉSULTE, IL ARRIVE, etc., sont-ils accompagnés d'une négation, ou sont-ils employés pour former une proposition interrogative, demandent après eux le subjonctif. Ex. :

IL N'ARRIVE pas toujours que le crime SOIT puni.

EST-IL CERTAIN que la vertu SOIT toujours récompensée?

Si ces impersonnels expriment quelque chose de positif, ils veulent l'indicatif. Ex. :

IL EST ÉVIDENT que la paresse CONDUIT à l'ignorance.

IL ARRIVE souvent que l'intrigue OCCUPE la place due au mérite.

5. Le verbe se met au subjonctif après les pronoms relatifs QUI, QUE, DONT, et l'adverbe OU, lorsque ces pronoms et cet adverbe sont précédés des adjectifs NUL, AUCUN, UNIQUE, PREMIER, DERNIER, de quelque mot négatif, tel que PERSONNE, RIEN, PEU, GUÈRE, etc., ou d'un superlatif relatif. Ex. :

On peut dire que le chien est LE SEUL animal DONT la fidélité soit à l'épreuve.

(Buffon.)

Il n'est RIEN QUE le temps, à la fin, N'ADOUCISSE.

(Mauger.)

Il y a PEU d'hommes qui SACHENT chercher la vraie gloire.

(Fénelon.)

Le mérite d'avoir fait une bonne action est L'UNIQUE bien qu'on ne PUISSE nous enlever.

(Lefranc.)

Les mouvements des planètes sont LES PLUS RÉGULIERS que nous connaissions. (1)

(Buffon.)

6. On met au subjonctif le verbe qui suit un des pronoms relatifs QUI, QUE, DONT et l'adverbe OU, lorsque par ce verbe, on veut exprimer quelque chose d'INCERTAIN, de DOUTEUX, de POSSIBLE. On dira :

Je cherche quelqu'un QUI VEUILLE me servir de guide.

J'achèterai une campagne QUI me PLAISE, OU je sois tranquille, QUE je PUISSE parcourir sans crainte, et DONT la température SOIT saine.

Parce qu'on peut douter que la personne que je cherche veuille me servir de guide; que la campagne que j'achèterai puisse me plaire, etc.

Mais on dira avec l'indicatif :

Je cherche une personne QUI me RENDRA service.

J'achèterai une campagne QUI me PLAIRA, OU JE SERAI tranquille, QUE JE PARCOURRAI sans crainte, DONT la température SERA saine.

Parce qu'on veut énoncer un fait positif, un fait dont on est sûr.

D'après ces exemples, ce n'est pas au matériel des mots qu'il faut s'arrêter, ni à la forme de la proposition principale, pour faire usage de l'indicatif ou du subjonctif; le sens qu'on veut exprimer doit seul déterminer l'emploi de l'un ou de l'autre mode.

---

(1) Dans les phrases suivantes :

C'est LA MOINDRE des choses que je lui DOIS.

(Boileau.)

Nourri dans la plus absolue liberté, LE PLUS GRAND des maux QU'IL CONÇOIT est la servitude.

(J.-J. Rousseau.)

On met le verbe qui suit le superlatif à l'indicatif, parce que ce superlatif est suivi d'un complément, et que c'est ce complément qui rappelle le pronom relatif.

Le superlatif n'est-il plus suivi de complément qui le détermine, la règle que nous avons donnée reste dans toute sa force. Ex. :

La France est LA PLUS ANCIENNE monarchie qui SOIT au monde.

LA MOINDRE injure qu'il PUISSE recevoir l'affecte sensiblement.

7. Enfin on emploie le subjonctif après les conjonctions AVANT QUE — LOIN QUE — DE PEUR QUE — DE CRAINTE QUE — AFIN QUE — JUSQU'À CE QUE — POUR QUE — QUOIQUE — ENCORE QUE — MALGRÉ QUE — NON QUE — POUVU QUE, etc. Ex. :

L'adversité, LOIN QU'elle SOIT un mal, est souvent un remède contre la prospérité.

(*Marmontel.*)

Je l'ai connu laquais, AVANT qu'il FUT commis.

(*Boileau.*)

J'évite sa présence,
DE PEUR qu'en le voyant, quelque trouble indiscret
Ne FASSE, avec mes pleurs, échapper mon secret.

(*Racine.*)

Justes, ne craignez point le vain pouvoir des hommes;
QUELQUE élevés qu'ils SOIENT, ils sont ce que nous sommes.

(*J.-B. Rousseau.*)

REMARQUE. Il y a certaines conjonctions après lesquelles on emploie tantôt le subjonctif et tantôt l'indicatif. De ce nombre sont A CONDITION QUE, A LA CHARGE QUE, MOYENNANT QUE, DE MANIÈRE QUE, DE SORTE QUE, EN SORTE QUE, TELLEMENT QUE.

Veut-on exprimer une idée de doute, il faut mettre le verbe au subjonctif. Ex. :

Dieu nous a donné la vie, à CONDITION qu'elle FUT exposée aux coups de la fortune.

Conduisez-vous DE MANIÈRE QUE vos maîtres N'AIENT point à se plaindre de vous.

Voulez-vous exprimer une idée positive, qui ait rapport au présent ou au passé, employez l'indicatif. Ex. :

Dieu nous a donné la vie A CONDITION QUE nous en USERIONS, selon la sagesse de ses vues.

Cet élève s'est conduit avec ses maîtres, DE MANIÈRE QU'ILS N'ONT EU rien à lui reprocher, dans tout le cours de ses études.

De la Correspondance des Temps et des Modes.

Le verbe de la proposition subordonnée qui se met au subjonctif n'est que relatif par rapport au verbe de la proposition principale; il doit, par conséquent, suivre les temps de celui-ci, et s'y conformer.

RÈGLE GÉNÉRALE. Le verbe de la proposition principale est-il au PRÉSENT, à L'IMPARFAIT, OU AU PLUSQUE-PARFAIT de l'indicatif, il faut mettre le second verbe au PRÉSENT, à L'IMPARFAIT, et au PLUSQUE-PARFAIT du subjonctif. C'est ainsi qu'est exactement désignée la correspondance du verbe subordonné au principal. Ex. :

Il FAUT que vous SOYEZ sages.

Il FALLAIT que vous SECOURUSSIEZ les pauvres.

Il AVAIT FALLU que vous EUSSIEZ FINI votre devoir.

RÈGLE PARTICULIÈRE. 1. Le verbe principal est-il au présent ou au futur, on met le second verbe au présent du subjonctif. Ex.:

JE DÉSIRE que Dieu M'ACCORDE après ma mort, une éternité bien heureuse.

IL FAUDRA que l'homme RETOURNE, un jour, dans la terre d'où il est sorti.

Si le sens exige une antériorité de temps dans le second verbe par rapport au premier, alors le second verbe doit se mettre au passé absolu du subjonctif. Ex. :

JE DÉSIRE que vous AYEZ TERMINÉ vos études, avant de sortir du collége.

Il faudra que vous AYEZ FINI votre lettre, avant le départ du courrier.

2. Quand le verbe de la proposition principale est à l'imparfait, au passé, au plusque-parfait, ou au conditionnel, le verbe de la proposition subordonnée doit se mettre à l'imparfait du subjonctif. Ex. :

IL FALLAIT IL A FALLU IL FALLUT IL AVAIT FALLU IL FAUDRAIT	que	J'ALLASSE JE FISSE	et non que	J'AILLE. JE FASSE.

Si cependant par le second verbe, on veut exprimer une chose passée, relativement au premier verbe, alors il faut se servir du plusque-parfait du subjonctif.

Ainsi dites :

Il FALLAIT que J'EUSSE ÉTUDIÉ ma leçon.

Il FALLUT que J'EUSSE TERMINÉ mon procès.

Il FAUDRAIT que vous FUSSIEZ venu me voir.

Et non :

Il FAUDRAIT que J'ÉTUDIASSE ma leçon.

Il FALLUT que je terminasse mon procès.

Il FAUDRAIT que vous VINSSIEZ me voir.

Parce que dans ces dernières phrases, il n'y aurait pas d'antériorité de temps exprimée, ce qui serait contraire à la pensée de celui qui parle ou qui écrit. (1)

DES VERBES

Qui se construisent avec AVOIR *ou avec* ÊTRE.

Nous avons plus de quatre-vingts verbes qui, dans leurs temps composés, prennent les auxiliaires AVOIR ou ÊTRE. Nous n'avons pas l'intention de les rapporter tous; nous ferons seulement connaître ceux qui sont les plus usités, et conséquemment sur l'emploi desquels on est le plus souvent exposé à commettre des fautes.

APPARAÎTRE. Ce verbe prend indifféremment AVOIR ou ÊTRE. On dit :

Il EST apparu et il A apparu.

COMPARAÎTRE, PARAÎTRE, DISPARAÎTRE, ne prennent que l'auxiliaire AVOIR. Cependant, si l'on parle d'une chose qu'on avait, et qu'on ne trouve plus, on peut avec AVOIR ou avec ÊTRE, dire :

Il EST disparu, il A disparu.

J'avais mis des fruits sur cette table; tout à-coup ils ONT disparus ou ils SONT disparus.

ACCOURIR. On dit également bien, selon l'Académie

J'AI ACCOURU, je SUIS ACCOURU.

COURIR ne se conjugue avec ÊTRE, que lorsqu'il signifie ÊTRE RECHERCHÉ, ÊTRE SUIVI. Ex. :

Cette étoffe EST fort COURUE; ce prédicateur EST fort COURU.

On ne dit plus JE SUIS COURU. Ainsi, ce vers de Racine, correct autrefois, ne le serait plus aujourd'hui.

Il en était sorti, lorsque j'y SUIS COURU.

CONVENIR. Ce verbe signifiant ÊTRE CONVENABLE, prend AVOIR. Ex. :

Cette terre m'AURAIT bien CONVENU.

Ce jardin vous EUT bien CONVENU.

Signifiant DEMEURER D'ACCORD, ce verbe prend être. Ex. :

ÊTES-VOUS CONVENU du prix ?

---

(1) Lequien, Lamaillardière, et Pons ont composé sur l'emploi des temps de l'indicatif, et sur celui des temps du subjonctif d'excellents traités qu'il sera très-utile de lire.

Nous sommes convenus de nos conditions.

Demeurer. Si l'on veut exprimer l'idée de faire sa demeure, ce verbe prend l'auxiliaire avoir. Ex. :

Il a demeuré deux ans en province.

Veut-on exprimer l'idée de rester, on emploie le verbe être. Ex. :

Il est demeuré en chemin.

Il est demeuré deux mille hommes sur la place.

Ce que nous disons du verbe demeurer peut s'appliquer au verbe rester.

Echapper. Ce verbe a plusieurs significations, d'après lesquelles il prend l'auxiliaire avoir ou être.

Si échapper signifie éviter, n'être pas aperçu, n'être pas saisi, il se construit avec avoir. Ex. :

Ce que vous venez me dire m'a échappé.

Le cerf a échappé aux chiens.

Si échapper signifie se sauver, laisser aller, il prend l'auxiliaire être. Ex. :

Il s'est échappé des mains des gendarmes.

Cette faute m'est échappée.

Monter, descendre, sortir, entrer. Ces verbes et les composés des deux derniers, employés avec un complément direct demandent l'auxiliaire avoir. Ex. :

Avez-vous monté du bois dans ma chambre ?

Nous avons sorti le vin de la cave.

Employé avec un complément indirect, ces mêmes verbes prennent l'auxiliaire être. Ex. :

Il est monté de troisième en seconde.

Le baromètre est descendu à la pluie.

Je suis sorti de ma chambre, à deux heures.

J'y suis rentré avant la nuit.

Passer. Avec un complément, et avec rapport aux lieux et aux personnes, ce verbe prend l'auxiliaire avoir. Ex. :

L'armée a passé par Amiens.

L'empire des Assyriens a passé aux Mèdes.

Sans complément et sans rapport aux lieux et aux personnes, passer prend être. Ex. :

Le courrier est passé.

Le bon temps est passé.

ACCROÎTRE. Ce verbe signifiant augmenter, ainsi que CROÎTRE et DÉCROÎTRE, prennent AVOIR OU ÊTRE ; on dit :

Il a ACCRU ses revenus.

Cet enfant A CRU prodigieusement depuis deux ans.

La rivière EST CRUE en bien peu de temps, elle EST maintenant bien DÉCRUE.

PÉRIR. On dit : il A PÉRI et il EST PÉRI.

CESSER. Si ce verbe a un complément, il prend AVOIR. Ex. :

Il a CESSÉ son travail.

Quand AUREZ-VOUS CESSÉ de causer?

Cesser se conjugue avec ETRE ou avec AVOIR, s'il n'est pas suivi d'un complément. Ex. :

La fièvre EST CESSÉE, A CESSÉ ; l'orage A CESSÉ, EST CESSÉ.

Si l'on considère l'action, on doit employer le verbe AVOIR ; si l'on considère l'état, on doit se servir du verbe ETRE.

TOMBER. Ce verbe veut toujours l'auxiliaire ETRE. Dites :

Ma plume EST TOMBÉE, mon mouchoir EST TOMBÉ.

Et non :

J'AI TOMBÉ ma plume, J'AI TOMBÉ mon mouchoir.

ETRE. On emploie quelquefois le participe du verbe ETRE pour le participe du verbe ALLER. On dit de quelqu'un : IL A ÉTÉ à PARIS, pour indiquer qu'IL Y EST ALLÉ, et qu'IL EN EST REVENU ; et IL EST ALLÉ A PARIS, pour indiquer qu'IL N'EST PAS DE RETOUR.

D'après cela, ce serait faire une faute d'employer le participe du verbe ALLER, pour le participe du verbe ETRE, à la première et à la seconde personne, et de dire :

JE SUIS ALLÉ à Rome.

TU ES ALLÉ à Madrid.

Dites :

J'AI ÉTÉ à Rome.

TU AS ÉTÉ à Madrid.

REMARQUE. Les notions que nous venons de donner sur les verbes qui se conjuguent avec AVOIR OU ETRE, sont conformes au sentiment de l'Académie. Cependant, comme il ne peut y avoir dans aucune langue deux expressions parfaitement synonymes, ne serait-il pas plus exact de dire qu'on doit employer le verbe avoir, quand on veut exprimer une ACTION avec rapport à un objet déterminé, et qu'on doit employer le verbe ÊTRE, quand on veut exprimer L'ÉTAT, la SITUATION ACTUELLE d'une personne ou d'une chose.

C'est ainsi que l'on dira :

Il A MONTÉ à cheval.

Il A MONTÉ les dégrés,

Si l'on pense à l'action de monter ; et il EST MONTÉ, si l'on pense à l'état où l'on est, après avoir monté.

Tous les exemples confirment ce principe. On dit de quelqu'un : IL EST SORTI, si l'on veut faire entendre qu'il est encore dehors, et IL A SORTI, si l'on veut faire entendre qu'il est rentré. IL EST ALLÉ à l'Eglise, signifie qu'il Y EST ENCORE ; IL A ÉTÉ à l'Eglise signifie qu'IL EN EST REVENU. (1)

CHAPITRE VI.

DU PARTICIPE.

Nous avons dans notre Traité d'Orthographe, (page 132), expliqué assez longuement la théorie des participes ; nous ne pensons pas qu'il soit nécessaire d'ajouter ici de nouveaux développements. Nous nous bornerons à reproduire les règles que nous avons données sur la variation et la non-variation de cet élément du discours, et nous laisserons aux jeunes personnes le soin d'en faire l'application.

Participe présent.

Le participe présent est toujours invariable, c'est-à-dire, qu'il ne change point de terminaison, soit qu'il modifie des objets du genre masculin au pluriel, soit qu'il en modifie du genre féminin au singulier ou au pluriel.

(1) Domergue, Chapsal, et Boinvilliers prétendent qu'on ne doit jamais employer le verbe ÊTRE dans le sens D'ALLER, parce que disent ces Grammairiens, le verbe ÊTRE réveillant l'idée de REPOS, d'ÉTAT, de STATION, ne peut jamais servir à exprimer une idée d'ACTION, de MOUVEMENT.

Ces raisons sont excellentes ; mais l'usage plus fort que toutes les raisons du monde, est pour les deux expressions : IL EST ALLÉ, IL A ÉTÉ.

Il ne faut pas confondre le participe présent avec certains mots terminés en ANT qu'on nomme ADJECTIFS VERBAUX. Ceux-ci prennent toujours le genre et le nombre des substantifs qu'ils qualifient. On écrit :

Des avocats CONSULTANTS ; des eaux CROUPISSANTES ; des enfants CARESSANTS ; une ame AIMANTE ; une boisson RAFRAÎCHISSANTE.

Les participes PRÉSENTS expriment une ACTION ; les ADJECTIFS VERBAUX expriment une QUALITÉ, une MANIÈRE D'ETRE, un ÉTAT, une SITUATION, une HABITUDE.

EXEMPLES.

Participes présents exprimant l'action.

Personne assurément ne s'aviserait, aujourd'hui, de représenter dans une pièce une troupe d'anges et de saints BUVANT et RIANT à table.

(Voltaire.)

Mais pour mieux réussir, il est bon, ce me semble,
Qu'on ne vous trouve point tous deux PARLANT ensemble.

(Molière.)

EXEMPLES.

Adjectifs verbaux exprimant une qualité, *une* manière d'être, *une* habitude.

Soyons bien BUVANTS, bien MANGEANTS,
Nous devons à la mort de trois l'un en dix ans.

(La Fontaine.)

J'ai passé plus avant ; les arbres, et les plantes,
Sont devenus chez moi créatures PARLANTES.

(Le même.)

I.

Participe passé.

Accord du Participe passé avec le sujet du Verbe.

PREMIÈRE RÈGLE. Le participe passé employé sans auxiliaire fait la fonction d'adjectif, et alors il prend le genre et le nombre du substantif auquel il se rapporte. Ex. :

Eh ! que vois-je partout ? La terre n'est couverte
Que de palais DÉTRUITS, de trônes RENVERSÉS,
Que de lauriers FLÉTRIS, que de sceptres BRISÉS,

(Racine, le fils.)

SECONDE RÈGLE. Le participe passé accompagné de l'auxiliaire ETRE s'accorde toujours avec le sujet du verbe. Ex. :

Les mortels plus instruits en sont moins inhumains,
Le fer est ÉMOUSSÉ, les bûchers sont ÉTEINTS.

(Voltaire.)

Dans l'atelier bruyant où règne l'industrie
Du luxe des cités l'indigence est NOURRIE.

(Michaud.)

II.

Accord du Participe passé avec le complément du Verbe.

PREMIÈRE RÈGLE. Le participe passé accompagné de l'auxiliaire AVOIR ou de l'auxiliaire ETRE (employé pour AVOIR) s'accorde avec son complément, lorsque celui-ci est direct, et qu'il le précède.

SECONDE RÈGLE. Le participe est toujours invariable, lorsqu'il est suivi des mots qui lui servent de complément.

EXEMPLES.

Participe précédé de son complément.

Si Dieu nous a DISTINGUÉS des autres animaux, c'est surtout par le don de la parole.

(Quintilien.)

Les meilleures harangues sont celles que le cœur a DICTÉES.

(Marmontel.)

EXEMPLES.

Participe suivi de son complément.

La reine qui, dans Sparte avait CONNU ta foi,
T'a placé dans le rang que tu tiens près de moi.

(Racine.)

Madame de Genlis a COMPOSÉ plusieurs ouvrages qui annoncent une connaissance profonde de l'histoire.

Les mots qui sont le plus ordinairement le complément direct du participe sont : ME, TE, SE, NOUS, VOUS, LE, LA, LES, QUEL, QUELLE, QUELS, QUELLES, QUE DE, COMBIEN DE, suivis d'un substantif.

Pour trouver le complément du participe, il faut mettre après le participe QUI, pour les personnes, et QUOI pour les choses; le mot qui viendra en réponse sera le complément.

III.

Du Participe suivi d'un Verbe à l'infinitif.

Le participe passé suivi d'un verbe à l'infinitif, s'accorde avec son complément, si ce complément dépend du participe; il reste invariable, si le complément dépend du verbe à l'infinitif.

EXEMPLES du 1er cas.

Les demoiselles qu'on a ENTENDUES chanter, au dernier concert, avaient une très-belle voix.

EXEMPLES du 2e cas.

Ils ne nous ont pas vu l'un et l'autre élever,
Moi, pour vous obéir, et vous, pour me braver.

(Racine.)

Les enfants que nous avons ENTENDUS lire prononçaient très-distinctement chaque syllabe.

L'alliance que Judas avait ENVOYÉ demander fut accordée.

(Bossuet.)

IV.

Du Participe entre deux QUE.

Le participe reste invariable, s'il est entre deux QUE, parce que ce premier QUE est le complément, non du participe, mais du verbe qui suit. Ex. :

Vous n'avez pas eu tous les prix que j'avais ESPÉRÉ que vous remporteriez.

V.

Du Participe LAISSÉ.

Le participe LAISSÉ suivi d'un verbe neutre est toujours variable. Ex. :

Elle s'est LAISSÉE aller à sa passion.

(Académie.)

Une personne s'est présentée à la porte, je l'ai LAISSÉE passer.

(Duclos.)

Si le participe LAISSÉ est suivi d'un verbe actif, il faut avoir recours au sens de la phrase qui indique la manière de l'écrire, c'est-à-dire, qu'il faut examiner si l'on peut mettre le complément entre le participe LAISSÉ et l'infinitif qui suit, ou si on ne le peut pas. La chose est-elle possible, l'accord a lieu; la chose est-elle impossible, le participe reste invariable.

EXEMPLES *où le Participe* LAISSÉ *est variable.*

Les enfants qu'on a LAISSÉS trop manger ont été incommodés.

Les acteurs qu'on a LAISSÉS jouer, se sont très-bien acquittés de leur rôle.

EXEMPLES *où le Participe* LAISSÉ *est invariable.*

Elle rougissait de honte de s'être LAISSÉ vaincre au sommeil.

(Amiot.)

Ils avaient été condamnés aux peines du Tartare, pour s'être LAISSÉ gouverner par des hommes méchants et artificieux.

(Fénelon.)

VI.

Du Participe FAIT *suivi d'un infinitif.*

Le participe FAIT suivi d'un verbe à l'infinitif est toujours invariable, parce que ce participe forme avec l'infinitif une expression indivisible dans la pensée. Ex. :

Deux fois à mon oreille ils se sont FAIT entendre.

(Voltaire.)

Le hasard les ayant FAIT naître dans le même mois, tous deux moururent presque au même âge.

(Hénault.)

VII.

Du Participe précédé de LE PEU.

1. Le participe précédé de LE PEU est variable, si LE PEU indique une PETITE QUANTITÉ.

2. Le participe précédé de LE PEU est invariable, si LE PEU indique la PRIVATION, le DÉFAUT TOTAL, le MANQUE ABSOLU de la chose dont on parle.

EXEMPLES du 1. cas.

Le peu de bienveillance que vous lui avez TÉMOIGNÉE a suffi pour lui rendre le courage.

Le peu d'expérience que J'AI ACQUISE m'a été fort utile.

EXEMPLES du 2. cas.

Le peu d'affection que vous lui avez TÉMOIGNÉ lui a ôté le courage.

Le peu d'expérience que J'AI ACQUIS m'a fait tomber dans mille erreurs.

VII.

Du Participe précédé du pronom EN.

1. Le participe précédé du pronom EN est invariable, si la phrase où il se trouve exprime une comparaison.

2. Le participe précédé du pronom EN est invariable s'il se trouve en même temps précédé d'un complément indirect.

3. Le participe précédé du pronom EN est variable si le pronom EN est précédé en même temps d'un complément direct.

EXEMPLE du 1. cas.

Les Russes ont fait en quatre-vingts ans plus de progrès que nous n'en avons FAIT en quatre siècles.

(Voltaire.)

EXEMPLE du 2. cas :

Tout le monde m'a offert des services, et personne ne m'en a RENDU.

(Madame de Maintenon.)

EXEMPLE du 3. cas :

Cassius naturellement fier et impérieux, ne cherchait dans la perte de César que la vengeance de quelques injures qu'il en avait REÇUES (1).

(Vertot.)

VIII.

Du Participe passé précédé de L, *pronom elliptique.*

On reconnaît que le pronom L est elliptique, c'est-à-dire, qu'il remplace un membre de phrase, lorsqu'il est précédé des adverbes de comparaison PLUS, MOINS, MIEUX, AUSSI, AUTANT. Dans ce cas, le participe précédé de ce pronom est invariable. Ex. :

Votre sœur est plus instruite que je ne l'avais CRU.

C'est-à-dire, je n'avais pas cru qu'elle fût aussi instruite.

Cette jeune personne est meilleure musicienne que je ne l'avais PRÉVU.

C'est-à-dire, je n'avais pas prévu qu'elle fût aussi bonne musicienne.

IX.

Des Participes COÛT *et* VALU.

1. Lorsque COUTER, signifie ÊTRE ACHETÉ UN CERTAIN PRIX, et que VALOIR peut se rendre par ETRE D'UNE CERTAINE VALEUR, ces verbes sont pris au propre ; ils sont NEUTRES, et leurs participes sont invariables.

2. Lorsque COUTER signifie CAUSER, OCCASIONNER, et que VALOIR, peut se rendre par PROCURER, RAPPORTER, PRODUIRE, ces verbes sont pris au figuré ; ils sont ACTIFS, et les participes COUTÉ, VALU, sont variables.

EXEMPLES *de* COUTER *et de* VALOIR, *employés comme* NEUTRES.

Les cinquante écus que ces meubles m'ont COUTÉ.

EXEMPLES *de* COUTER *et* VALOIR *employés comme* ACTIFS.

Que de soins m'eût COUTÉS cette tête charmante ?

(Racine.)

(1) Selon M. Dessiaux, disciple de Lemare et de Boniface, et selon Grammaire nationale, le participe passé accompagné du pronom EN et suivi d'un adverbe de quantité est invariable ; il varie, si l'adverbe le précède. Ex. :

tant d'ennemis il a ATTAQUÉS, autant il en a VAINCUS.

Cette opinion n'est pas celle de la majorité des Grammairiens.

Les cent louis que ce cheval a COUTÉ, les a-t-il jamais valu ? (1)

Voilà la charmante réception que mon costume m'a VALUE.

(*Jacquemard.*)

X.

Du Participe passé d'un verbe IMPERSONNEL *ou pris* IMPERSONNELLEMENT.

Le participe d'un verbe IMPERSONNEL ou pris IMPERSONNELLEMENT est toujours invariable.

On connaît qu'un verbe est IMPERSONNEL ou pris IMPERSONNELLEMENT, quand le pronom IL qui lui sert de sujet ne rappelle aucun nom exprimé précédemment. Ex. :

VERBE IMPERSONNEL.

Que de temps, que de réflexions n'a-t-il pas FALLU pour épier et connaître les besoins, les écarts et les ressources de la nature.

(*Barthélemi.*)

VERBE *pris* IMPERSONNELLEMENT.

Les chaleurs excessives qu'il a FAIT ont causé beaucoup de maladies.

(*Condillac.*)

CHAPITRE VII.

DE L'ADVERBE.

PREMIÈRE RÈGLE. L'adverbe se place ordinairement après le verbe qu'il modifie. Ex. :

Adorez Dieu, et priez-le ASSIDUMENT.

Ne faites JAMAIS aux autres ce que vous ne voudriez pas que les autres vous fissent.

SECONDE RÈGLE. Si le verbe est à un temps composé, l'adverbe se place entre l'auxiliaire et le participe passé. Ex. :

Celui qui, dans cette vie, a été CONSTAMMENT attaché à la loi du Seigneur, sera GLORIEUSEMENT récompensé dans l'autre.

(1) Les auteurs de la Grammaire nationale veulent que les verbes *coûter* et *valoir* soient toujours actifs, et que par conséquent leurs participes varient dans tous les cas. Il y a peu de temps que d'autres Grammairiens voulaient, au contraire, que ces participes fussent toujours invariables. Ah ! messieurs les Grammairiens, mettez-vous donc une fois d'accord, ou bientôt les étudiants ne sauront à qui se fier.

DAVANTAGE.

PREMIÈRE RÈGLE. DAVANTAGE ne peut être suivi de QUE, ni de DE, ni d'un ADJECTIF.

Ainsi les phrases suivantes sont incorrectes :

Rien n'étonne DAVANTAGE les étrangers QUE la beauté de nos grands chemins.

Il faut dire :

Rien n'étonne PLUS les étrangers que la beauté, etc.

Racine a dans le style DAVANTAGE de douceur QUE Voltaire.

Il faut dire :

PLUS de douceur.

Fléchier est DAVANTAGE estimé QUE Mascaron,

Dites :

PLUS estimé que Mascaron.

SECONDE RÈGLE. Il ne faut jamais employer DAVANTAGE dans le sens de LE PLUS. Ex. :

Les livres, disait Alphonse, sont parmi mes conseillers ceux qui me plaisent DAVANTAGE.

Il faut dire :

Ceux qui me plaisent LE PLUS.

De tous les poètes français, c'est Racine qui me plaît DAVANTAGE.

Dites :

Qui me plaît le PLUS.

TANT, AUTANT, SI, AUSSI.

PREMIÈRE RÈGLE. Lorsqu'on veut établir une comparaison entre deux adjectifs ou deux adverbes, c'est une faute d'employer TANT pour AUTANT, SI pour AUSSI.

Ainsi au lieu de dire :

Je n'estime pas TANT les modernes que les anciens.

Le siècle de Louis XV n'est pas SI fertile en grands hommes que celui de Louis XIV.

Il faut dire :

Je n'estime pas AUTANT les modernes que les anciens.

Le siècle de Louis XV n'est pas AUSSI fertile en grands hommes que celui de Louis XIV (1).

(1) On trouve dans le dictionnaire de l'Académie : IL N'EST PAS SI ESTIMÉ QUE SON PÈRE, et IL N'EST PAS AUSSI ESTIMÉ QUE, etc. Ce qui prouve contre l'opinion de Féraud, que l'usage est pour les deux expressions.

SECONDE RÈGLE. L'adverbe AUTANT ne peut s'employer devant un adjectif ni devant un participe. On ne dira pas:

AUTANT savant, AUTANT aimé.

On doit dire:

AUSSI savant, AUSSI estimé.

AUTANT ne s'emploie que devant des substantifs:

AUTANT de mémoire, AUTANT de crédit, AUTANT de jugement.

TROISIÈME RÈGLE. Après AUTANT, AUSSI, on ne doit point se servir de COMME au lieu de QUE pour lier ensemble les deux termes d'une comparaison. Au lieu de dire:

Quel roi fut jamais AUSSI aimé COMME Henri IV.

Dites:

Quel roi fut jamais AUSSI aimé QUE Henri IV.

Au lieu de dire:

J'admire AUTANT Cicéron COMME Démosthènes.

Dites:

J'admire AUTANT Cicéron QUE Démosthènes.

PLUS, MOINS, MIEUX, PIS, AUTREMENT.

1. Quand les adverbes PLUS, MOINS, MIEUX, PIS, AUTREMENT, sont suivis d'un QUE et d'un verbe à l'indicatif, on met NE avant le verbe, si le premier membre de la phrase est affirmatif. Ex.:

Les lettres sont MOINS funestes au bonheur du genre humain que NE l'a prétendu un philosophe de nos jours.

Il y a des auteurs qui écrivent MIEUX qu'ils NE parlent; il y en a d'autres qui parlent MIEUX qu'ils N'écrivent.

2. Après les mêmes adverbes PLUS, MOINS, MIEUX, PIS, AUTREMENT, si le premier membre de la phrase est négatif, on n'emploie plus la négation NE. Ex.:

Il n'est pas aussi riche qu'il l'était.

Vous ne parlez pas autrement que vous pensez.

REMARQUE. On doit observer la même règle après les adjectifs MEILLEUR, MOINDRE, PIRE, et AUTRE.

PEUT-ETRE.

1. N'employez jamais l'adverbe PEUT-ETRE avec le verbe POUVOIR. Ainsi ne dites pas:

PEUT-ÊTRE, en latin, POURRAIT-on se borner à six poëtes.

(Potier.)

Dites :

PEUT-ÊTRE, en latin, ferait-on bien de se borner à six poëtes.

2. C'est faire une faute grossière d'unir l'adjectif IMPOSSIBLE au verbe POUVOIR. Les idées qu'expriment ces deux mots sont tout-à-fait opposés. La phrase suivante est donc incorrecte :

Il m'est IMPOSSIBLE de POUVOIR répondre à votre invitation.

Il faut dire :

Il m'est impossible de répondre à votre invitation, ou je ne puis répondre à votre invitation.

NE PAS, NE POINT.

1. On supprime PAS et POINT, et l'on met simplement NE avec JAMAIS, GUÈRE, RIEN, AUCUN, avec NUL, lorsqu'il signifie AUCUN, avec NI, NULLEMENT, avec l'adverbe PLUS, avec PERSONNE, et quelquefois avec les mots GOUTTE et MOT. Ex. :

Je n'y irai jamais ; je n'y vois GOUTTE; je ne dis MOT ; etc.

On ne doit pas imiter Racine qui a dit :

On ne veut PAS RIEN faire ici qui vous déplaise. (1)

2. Il n'est pas indifférent d'employer PAS ou POINT avec NE pour former une négation ; ces deux mots donnent souvent des sens très-différents aux phrases dans lesquelles on les emploie. POINT nie plus fortement que PAS, parce que, comme l'a dit Domergue, un POINT a moins d'étendue qu'un PAS. Lorsque l'on dit : CET ENFANT NE LIT PAS, cela signifie qu'il ne lit pas ACTUELLEMENT. Mais si l'on dit : CET ENFANT NE LIT POINT, cela signifie qu'il ne s'OCCUPE POINT DU TOUT à la lecture.

PAS réveille l'idée d'une action MOMENTANÉE ; POINT indique une action PERMANENTE.

---

(1) Ces mauvaises expressions : JE NE FAIS PAS RIEN ; JE NE DIS PAS RIEN ; JE N'EN VEUX PAS GUÈRE, sont très-familières aux enfants. Elles étaient déjà vicieuses du temps de Molière, puisque cet auteur dit dans les *Femmes savantes :*

De PAS mis avec RIEN tu fais la récidive,
Et c'est, comme on t'a dit, trop d'une négative.

On doit donc les bannir de la conversation.

3. On emploie la négation NE avec les verbes EMPÊCHER, CRAINDRE, AVOIR PEUR, APPRÉHENDER, NIER, DOUTER, PRENDRE GARDE, DISCONVENIR, etc., Ex. :

La pluie empêcha qu'il ne s'en ALLÂT promener.

(*Académie.*)

On appréhende que la fièvre ne REVIENNE.

(*Même autorité.*)

Prends garde que jamais l'astre qui nous éclaire,
Ne te VOIE en ces lieux mettre un pied téméraire.

(*Racine.*)

Je ne nie pas qu'il n'AIT FAIT cela.

(*Académie.*)

Je craignais qu'elle ne S'AFFECTÂT des insultes que je recevais de la populace. (1)

(*J.-J. Rousseau.*)

REMARQUE. Si l'on souhaite la chose marquée par le second verbe, il faut avec les verbes CRAINDRE, APPRÉHENDER, TREMBLER, etc., ajouter PAS ou POINT à la négation NE.

Je crains que le maître NE vienne.

C'est-à-dire, je voudrais qu'il ne vînt pas.

Je crains que le maître NE vienne PAS.

C'est-à-dire, je voudrais qu'il vînt.

4. Au lieu de dire :

Il ne s'en faut guère que je sois ruiné.

Dites :

Il ne s'en faut guère que je NE sois ruiné.

Parce que, quand on emploie une NÉGATION ou l'adverbe PEU avec le verbe IL S'EN FAUT, on doit toujours ajouter une NÉGATION au second verbe. Mais on dira sans NÉGATOIN :

Il s'en faut beaucoup que je sois de votre avis.

---

(1) Fénelon a dit :

Nous avons craint que quelque étranger VIENDRAIT faire la conquête de l'île de Crète.

Cette locution très-familière aux habitans des départements méridionaux, est vicieuse, et ne doit pas être imitée. Le verbe *craindre* veut être suivi d'un subjonctif. Il fallait donc dire :

Nous avons craint que quelque étranger ne VINT faire la conquête de île de Crète.

N. B. Pour plus grands développements sur l'emploi de la négation NE, et sur la place qu'elle doit occuper dans les phrases, voyez Pons, Lamaillardière, Lévizac, Laveaux et la Grammaire nationale.

A L'ENTOUR, AUTOUR.

A L'ENTOUR est un adverbe qui n'est jamais suivi de complément.

AUTOUR est une préposition qui en admet toujours un. Ex. :

A L'ENTOUR.	AUTOUR.
Les plaisirs nonchalants folâtrent A L'ENTOUR. *(Boileau.)*	Il était sur son char, ses gardes affligés Imitaient son silence AUTOUR de lui rangés. *(Racine.)*

AUPARAVANT, AVANT.

AUPARAVANT doit s'employer sans complément ; AVANT, au contraire, est une préposition qui en veut toujours un. Ex. :

AUPARAVANT.	AVANT.
Il ne faut employer aucun terme dont on n'ait AUPARAVANT expliqué le sens. *(Pascal.)*	AVANT lui Juvénal avait dit en latin, Qu'on est assis à l'aise aux sermons de Cotin. *(Boileau.)*

De ces deux expressions AVANT QUE, AVANT DE, l'usage actuel préfère la dernière.

(Beauzée, Desfontaines, Lévizac, Wailly, Laveaux.)

DESSUS, DESSOUS, DEDANS, DEHORS.

DESSUS, DESSOUS, DEDANS, DEHORS, sont des adverbes (1) qui s'emploient sans complément. Ex. :

(1) Tous ces mots étaient autrefois des prépositions ; aujourd'hui, ce sont des adverbes. Aussi, ne ferait-on plus les fautes que l'on remarque dans les vers suivants :

Va DEDANS les enfers plaindre ton Curiace.

(Corneille.)

Ses sacriléges mains
DESSOUS un même joug rangent tous les humains.

(Racine.)

Mais DESSUS quel endroit tombera ton tonnerre,
Qui ne soit tout couvert du sang de Jésus-Christ ?

(Desbarreaux.)

On étale le titre de bon citoyen, et l'on cache DESSOUS celui de jaloux.

(*Massillon.*)

Tous les maux sont depuis long-temps hors de la boîte de Pandore ; mais l'espérance est encore DEDANS.

(*Marmontel.*)

Ces mots peuvent cependant avoir un complément dans deux cas :

1. Quand on les oppose l'un à l'autre. Ex. :

Il n'est ni DESSUS ni DESSOUS la table.

(*Académie.*)

2. Quand ils sont précédés de l'une des prépositions A, DE, PAR. Ex. :

Jésus-Christ peut-il demeurer AU-DEDANS d'une idole abominable ?

(*Massillon.*)

On a tiré cela DE DESSOUS la table.

(*Académie.*)

AU RESTE, DU RESTE.

Il ne faut pas confondre AU RESTE avec DU RESTE.

AU RESTE s'emploie, quand on ajoute quelque chose d'analogue à ce qui précède. Ex. :

C'est là ce qu'il y a de plus sage ; AU RESTE, c'est aussi ce qu'il y a de plus juste.

(*Marmontel.*)

Ici, on emploie AU RESTE, parce qu'il y a de l'analogie entre LA JUSTICE et LA SAGESSE.

DU RESTE se dit, quand ce qui suit n'a pas de rapport à ce qui précède. Ex. :

Il est capricieux ; DU RESTE honnête homme.

(*Académie.*)

Ici, l'on emploie DU RESTE, parce qu'il n'y a point de rapport entre ces deux qualités, CAPRICIEUX et HONNÊTE HOMME.

(*Lefranc, Girard, Grammaire nationale.*)

RIEN DE MOINS, RIEN MOINS.

Ces deux expressions présentent un sens tout-à-fait différent. RIEN DE MOINS s'emploie dans les propositions qui ont un sens affirmatif. Ex. :

Écoutez bien cet homme, il n'est RIEN DE MOINS qu'un sage.

(*Marmontel.*)

C'est-à-dire, IL EST UN SAGE, et RIEN DE MOINS.

RIEN MOINS s'emploie dans les propositions qui ont un sens négatif. Ex. :

Il n'est RIEN MOINS que sage.

(Collin d'Ambly.)

C'est-à-dire, CE QU'IL EST LE MOINS, C'EST SAGE ; IL EST TOUTE AUTRE CHOSE PLUTÔT QUE SAGE : IL N'EST PAS SAGE.

(Girault-Duvivier, Lefranc, Lemare et Collin d'Ambly.)

CHAPITRE VIII.

DE LA PRÉPOSITION.

1. Lorsqu'une Préposition a pour complément plusieurs mots, il faut la répéter avant chacun de ces mots. Ex. :

Soyez plus jaloux de vous distinguer PAR vos vertus, PAR vos talents, que par des avantages frivoles et passagers.

(De Lanneau.)

2. On ne répète pas ordinairement les prépositions avant les mots qui ont à peu près la même signification. Ex. :

Turenne ne perdit point ses jeunes années dans la MOLLESSE et la VOLUPTÉ.

Mollesse et *volupté* sont des expressions synonymes.

AVANT, DEVANT.

AVANT et DEVANT ne s'emploient pas indifféremment.

AVANT est l'opposé de APRÈS. On ne s'en sert qu'en parlant du temps et du rang. Ex. :

Phèdre veut vous parler AVANT votre départ.

(Racine.)

DEVANT signifie EN PRÉSENCE, VIS-A-VIS DE. Cette préposition marque un rapport de lieu. Ex. :

L'infortune, en secret, se nourrissant de pleurs,
Saura qu'il est un Dieu témoin de ses douleurs ;
Qu'il faut se résigner DEVANT la Providence,
Et qu'il n'est jamais temps de perdre l'espérance.

(Chénier.)

EN, DANS.

En et dans n'ont pas la même signification.

En s'emploie avec un complément vague, indéfini, indéterminé. Ex. :

Il habite EN province; il est EN ville; il est EN prison; je l'ai trouvé tout EN pleurs.

Qu'on ne me vante plus l'éclat de la gaîté,
Rien n'égale EN pouvoir les pleurs de la beauté.

(Lanoue.)

Dans s'emploie avec un complément déterminé, précis, positif.

Il voyage DANS la France, DANS un pays étranger.

Quelque avantage, ainsi, qu'on cherche DANS la guerre,
Compense-t-il les maux qu'elle apporte à la terre?

(Lemierre.)

Remarque. Je ferai mon voyage dans trois jours, signifie que dans trois jours, je me mettrai en route. Je ferai mon voyage en trois jours, signifie que je ne mettrai que trois jours pour faire mon voyage.

Dans marque le terme, en indique la durée.

AU TRAVERS, A TRAVERS.

Au travers se construit avec un complément indirect. Ex. :

AU TRAVERS DES PÉRILS un grand cœur se fait jour.

(Racine.)

A travers veut un complément direct. Ex. :

A TRAVERS LES ROCHERS la peur les précipite.

(Le même.)

Boniface dit que au travers suppose des difficultés à vaincre, des obstacles à surmonter, mais l'Académie ne fait point de distinction, et emploie indifféremment au travers et a travers, qu'il y ait obstacle ou non.

VIS-A-VIS.

Vis-a-vis ne s'emploie que dans les rapports physiques. Cette préposition signifie en face, a l'opposite, et se construit avec ou sans la préposition de, quand son complément n'est pas un monosyllabe : vis-a-vis de l'église ou vis-a-vis l'église; vis-a-vis de la fontaine ou vis-a-vis la fontaine.

Vis-a-vis, au figuré, signifie ENVERS, A L'ÉGARD DE, et est d'un fréquent emploi dans ce sens, malgré, disent les auteurs de la Grammaire nationale, l'anathème lancé contre cette expression par tous les Grammairiens, et par Voltaire lui-même.

Il est certain que l'usage l'a emporté aujourd'hui, et l'usage est un tyran aux lois duquel on est obligé de se soumettre.

PRÈS DE, AUPRÈS DE.

Il y a cette différence entre PRÈS DE et AUPRÈS DE, que la première expression marque la proximité en opposition à l'éloignement. Quand je dis :

Je suis logé PRÈS DE la préfecture, PRÈS DE l'évêché.

Cela signifie que je ne suis pas éloigné de la préfecture, de l'évêché.

La seconde expression indique une idée de fréquentation, d'assiduité, d'habitude. Une mère dira :

Mes enfants ont toujours été AUPRÈS DE moi dans leur bas âge.

Et non PRÈS de moi.

Il ne faut pas confondre PRÈS DE avec PRÊT A. PRÈS est une préposition qui signifie PROCHE, SUR LE POINT DE. Ce mot est toujours suivi de la préposition DE. Ex. :

Hélas ! de quel péril je l'avais su tirer ;
Dans quel péril encore est-il PRÈS DE tomber !

(Racine.)

Dans, PRÊT A, PRÊT est adjectif, et signifie DISPOSÉ. Il est toujours suivi de la préposition A, et prend le genre et le nombre du substantif auquel il se rapporte. Ex. :

Puis-je vous demander
Quels amis vous avez PRÊTS A me seconder.

(Racine.)

PARMI.

PARMI ne s'emploie qu'avec un substantif pluriel, ou avec un substantif singulier qui indique l'idée d'un grand nombre, comme FOULE, PEUPLE, MULTITUDE, etc. Ex. :

Le mérite de la bonté est d'être bon PARMI les méchants.

PARMI est mal employé dans les vers suivants :

Des corps errants PARMI le vide.

(Boileau.)

PARMI ce plaisir, quel chagrin me dévore ?

(Racine.)

Les mots VIDE, PLAISIR, excluent toute idée collective. Il faut dire : DANS LE VIDE, ET AU MILIEU DE CE PLAISIR.

PARMI est mal employé aussi avec le nombre DEUX et même avec le nombre TROIS. Ainsi au lieu de dire :

PARMI un frère et une sœur, tout doit être commun : peines et plaisirs.

Dites : ENTRE un frère et une sœur.

VOICI, VOILA.

VOICI et VOILA sont des mots formés du verbe VOIR et des adverbes ICI et LA. VOICI désigne le lieu le plus proche ; VOILA le lieu le plus éloigné. VOICI a rapport à ce qui suit, et VOILA à ce qui précède.

VOICI.

Voici trois médecins qui ne se trompent pas :
Gaîté, doux exercice et modeste repas.

(Domergue.)

VOILA.

Veiller, régner sur soi, fuir ou vaincre le vice,
VOILA de la vertu le plus noble exercice.

(Ducis.)

DURANT, PENDANT.

DURANT, et PENDANT présentent deux sens différents. DURANT marque une continuité de durée; PENDANT désigne une époque, un temps passager. Ex. :

DURANT.

On peut dire de M. de Turenne que la gloire qui l'a suivi DURANT toute sa vie, l'a accompagné jusqu'à sa mort.

(Fléchier.)

PENDANT.

Une famille vertueuse est un vaisseau tenu PENDANT la tempête par deux ancres, la religion et les mœurs.

(Montesquieu.)

DURANT est la seule préposition qu'il soit permis de placer quelquefois après son complément. On peut dire :

DURANT sa vie ou sa vie DURANT.

Cependant, on ne dirait de même :

Le jour DURANT, l'hiver DURANT.

(L'Académie, Wailly, Féraud, Lefranc, Girault-Duvivier, la Grammaire nationale.)

CHAPITRE IX.

DE LA CONJONCTION.

QUE.

La Conjonction QUE est d'un usage très-fréquent. Il n'est, pour ainsi dire, aucune phrase, où elle ne se trouve soit seule, soit jointe à d'autres conjonctions, à des prépositions, et à des adverbes avec lesquels elle forme des expressions conjonctives, comme *avant que*, *jusqu'à ce que*, *aussi bien que*, etc.

1. La conjonction QUE sert à lier les deux termes d'une comparaison (1). Ex. :

Le mauvais exemple nuit autant à la santé de l'ame QUE l'air contagieux à la santé du corps.

(Marmontel.)

2. Elle restreint les phrases négatives, et alors NE QUE est mis pour seulement. Ex. :

La vie est-elle un bien si doux?
Quand nous l'aimons tant, songeons-nous
De combien de chagrins sa perte nous délivre?
Elle n'est qu'un amas de craintes, de douleurs,
De travaux, de soucis, de peines.
Pour qui connaît les misères humaines,
Mourir n'est pas le plus grand des malheurs.

(Deshoulières.)

---

(1) Lorsque les deux termes d'une comparaison sont liés par la conjonction QUE, ou par COMME (mis pour DE MÊME QUE) ou par AINSI QUE, le second terme est toujours le sujet ou le complément du verbe qui se trouve dans le premier membre de la comparaison. Ex. :

Je lis plus souvent Racine QUE Voltaire; c'est-à-dire, que je ne LIS Voltaire. Ici Voltaire est le complément du verbe LIRE sous-entendu.

Voltaire me plait moins QUE Racine; c'est-à-dire, que Racine me plaît. Ici, RACINE est le sujet de PLAÎT sous-entendu.

On doit regarder la mort, COMME la fin des maux; c'est-à-dire, comme on doit REGARDER la fin des maux. Ici, LA FIN DES MAUX est le complément du verbe REGARDER sous entendu.

Tout peuple a son langage, AINSI QUE son esprit; c'est-à-dire, ainsi qu'il A son esprit. Ici, SON ESPRIT est le complément du verbe AVOIR sous-entendu.

3. Elle s'ert à marquer un souhait, un commandement. Ex. :

Mon fils, répond Cyrène, en pâlissant de crainte,
Qu'il vienne, et quel est donc le sujet de sa plainte?
Qu'on amène mon fils, qu'il paraisse à mes yeux :
Mon fils a droit d'entrer dans le palais des Dieux.

(Delille.)

Dans toutes les phrases où QUE marque un souhait, un commandement, il y a un verbe sous-entendu, tel que JE SOUHAITE, JE DÉSIRE, JE VEUX, J'ORDONNE, etc.

4. QUE après un impératif est mis pour afin que. Ex. :

Venez ici que je vous parle.

C'est-à-dire :

Venez ici, AFIN QUE je vous parle.

5. QUE après ces mots IL Y A signifie DEPUIS. Ex. :

Il y a deux jours QUE je vous attends.

C'est-à-dire, DEPUIS QUE je vous attends.

6. QUAND, LORSQUE SI, et surtout les conjonctions composées, comme DÈS QUE, QUOIQUE, PRESQUE, etc., ne se répètent guère dans la même phrase; au lieu de les répéter, on emploie la conjonction QUE. Ex.:

Quand on est jeune, et QU'ON ne prend conseil que de soi-même, on s'expose à commettre bien des fautes.

C'est-à-dire, et QUAND on ne prend, etc.

Lorsqu'on a des dispositions, et QU'ON veut travailler, on fait des progrès rapides.

C'est-à-dire, et LORSQU'on veut travailler.

ET.

1. La fonction la plus ordinaire de la conjonction ET est de lier entre eux les éléments d'une proposition, et même deux propositions entre elles. Ex. :

Le sage est ménager du temps ET des paroles.

(La Fontaine.)

J'Aime l'étude des belles-lettres, ET je m'y livre, toutes les fois que les devoirs de mon état me le permettent.

(S.-P.)

2. Lorsqu'il s'agit de lier ensemble des mots de même espèce, la conjonction ET ne se place que devant le dernier. Ex. :

L'esprit, la science et la vertu sont les véritables biens de l'homme.

(Lefranc.)

Veut-on s'exprimer avec plus d'énergie, on répète la conjonction avant chaque mot. Ex. :

ET le riche, ET le pauvre, ET le faible ET le fort,
Vont tous également des douleurs à la mort.

(*Voltaire.*)

Si l'on veut presser la pensée, et en marquer la gradation, on supprime la conjonction. Ex. :

L'équipage suait, soufflait, était rendu ;
Moines, femmes, vieillards, tout était descendu.

(*La Fontaine.*)

Dans ces vers, mettez la conjonction ET après chaque verbe, l'expression perd sa grâce et sa vivacité.

Lorsque les adverbes PLUS, MIEUX, MOINS, AUTANT sont placés entre les deux termes d'une comparaison, il ne faut pas unir ces deux termes par la conjonction ET. Ex. :

MOINS un bon père est craint, PLUS il est adoré.

(*Crébillon.*)

La phrase est ici renversée ; c'est comme s'il y avait :

Un bon père est D'AUTANT PLUS adoré qu'il est MOINS craint.

Où l'on voit qu'il ne s'agit pas de lier ensemble deux propositions, mais d'indiquer le rapport de l'une à l'autre.

(*Chapsal, Lefranc.*)

SANS.

Après SANS, on doit employer la conjonction ET, et non la conjonction NI. Au lieu de :

Sans peine NI sans plaisir,

Dites :

Sans peine ET sans plaisir,
Sans joie ET sans murmure elle semble obéir.

(*Racine.*)

Au lieu de répéter *sans*, on le remplace par NI. Ex. :

Sans crainte NI pudeur, sans force NI vertu

(*Racine, Chapsal, Girault-Duvivier.*)

NI.

1. La conjonction NI sert à lier les substantifs, les adjectifs, les verbes et les adverbes, quand la proposition est négative. Ex. :

Je ne veux point ici rappeler le passé,
Ni vous rendre raison du sang que j'ai versé.

(Racine.)

L'absence NI le temps n'effaceront jamais
De son cœur affligé le prix de vos bienfaits.

(Longepierre.)

2. La répétition de la conjonction NI est élégante, lorsqu'on veut donner plus de mouvement et de rapidité à sa pensée. Ex. :

L'ambitieux ne jouit de rien : NI de sa gloire, il la trouve obscure ; NI de ses places, il veut monter plus haut ; NI de sa prospérité, il sèche et dépérit au milieu de son abondance ; NI des hommages qu'on lui rend, ils sont empoisonnés par ceux qu'il est obligé de rendre lui-même ; etc.

(Massillon.)

3. Dans les propositions affirmatives, il ne faut pas employer NI pour ET.

Les vers suivants renferment une faute :

Pelletier écrit mieux qu'Ablancourt NI Patru.

(Boileau.)

Patience et longueur de temps
Font plus que force NI que rage.

(La Fontaine)

Il faut ET dans les deux exemples. (1)

(Lemare, Wailly, Domergue, Lefranc, Girault-Duvivier.)

REMARQUE. On peut employer PAS ou POINT avec NI. Ex. :

Dans son cœur malheureux son image est tracée,
La vertu NI le temps ne l'ont point effacée.

(Voltaire.)

Il est cependant plus élégant de supprimer PAS et POINT, et de répéter NI. Ex. :

NI l'esprit, NI la science, NI la vertu ne sont à couvert des traits de l'envie.

(Grammaire nationale ; Chapsal, Lefranc.)

---

(1) Les auteurs de la Grammaire nationale qui ont pris à tâche de rompre en visière avec tous les Grammairiens, et d'annuler leurs décisions, sont d'avis que l'on peut employer ET dans les propositions négatives, et citent un grand nombre d'exemples pour confirmer leurs assertions.

AVANT QUE.

Doit-on mettre NE après AVANT QUE, ou doit-on le supprimer? Valant et Collin d'Ambly ont beaucoup écrit sur cette question, et d'après le résultat de leurs discussions, on peut conclure que la négation est inutile. D'excellents écrivains l'ont rejetée, et dans le nombre des exemples que nous pourrions citer, nous nous contenterons de rapporter les suivants :

L'homme impatient rompt les branches pour cueillir le fruit, AVANT QU'IL soit mûr.

(Fénelon.)

Craignez que le monde ne vous couronne AVANT QUE vous ayez légitimement combattu.

(Massillon.)

Et le Rhin de ses flots ira grossir la Loire,
AVANT QUE ses faveurs sortent de ma mémoire.

(Boileau.)

AVANT QU'UN sang si pur eût arrosé la terre,
Le ciel avait déjà fait gronder son tonnerre.

(Crébillon.)

Cependant on peut se servir de NE après AVANT QUE, lorsqu'on veut exprimer un doute bien positif, une incertitude, une possibilité. On écrira donc avec la négation :

Le tigre suce à longs traits le sang de ses victimes, et ce sang tarit presque toujours, AVANT QUE sa soif NE s'éteigne.

(Buffon.)

Parce qu'ici, il y a possibilité, incertitude; car la soif du tigre peut ne pas s'éteindre, avant que le sang tarisse.

Et l'on écrira sans la négation :

AVANT QUE le soleil te ferme la paupière,
Sur tes œuvres du jour jette un regard sévère.

(Lefranc de Pompignan.)

Parce que le verbe de cette proposition marque l'affirmation.

(Pons, Lefranc, Laveaux, Boniface.)

Avec SANS QUE, on supprime la négation NE: quelques écrivains l'ont cependant employée; mais le nombre en est fort petit.

OU.

Faut-il dire :

Lequel est le plus savant, de vous ou de votre frère?

Ou :

Lequel est le plus savant, vous ou votre frère ?

La première expression est depuis plus de cent ans répétée dans tous les Rudiments, et semble ainsi consacrée par l'usage.

Cependant, si nous analysons cette phrase, nous verrons qu'elle est incorrecte. En effet, nous pouvons la réduire à celle-ci :

Votre frère est-il plus savant que vous?
Etes-vous plus savant que votre frère ?

Dans cette décomposition le DE est absolument inutile.

L'emploi de cette préposition est contraire, dit Girault-Duvivier, aux lois de la Grammaire, toutes les fois que les substantifs précédés de la conjonction OU sont sujets ou compléments directs d'un verbe sous-entendu, et l'on connaît qu'ils sont sujets ou compléments directs, quand le mot interrogatif QUI ou LEQUEL, n'est pas précédé de la préposition DE. (1)

Cette opinion conforme à celle de Domergue, de Lemare, et de Lefranc, se trouve confirmée par l'autorité des meilleurs auteurs.

Quel chemin le plus droit à la gloire nous guide,
Ou la vaste science, ou la vertu solide.

(Boileau.)

Je ne sais dans son funeste sort,
Qui m'afflige le plus, ou sa vie ou sa mort.

(Corneille.)

Qui des deux est plus fou, le prodigue ou l'avare ?

(Regnard.)

Lequel des deux a tort, ou celui qui cesse d'aimer, ou celui qui cesse de plaire ? (2)

(Marmontel.)

(1) Les Latins, les Anglais et les Italiens et tous les peuples qui ont une langue raisonnée, ajoute Girault-Duvivier, suppriment la préposition DE qui ne peut-être ici une lettre euphonique, et que l'on peut regarder comme un terme né de l'ignorance ou de l'inattention ; la raison veut donc qu'on la proscrive.

(2) Les auteurs de la Grammaire nationale se battent vainement les flancs, pour prouver que ce n'est pas une faute d'employer la proposition DE. Leurs raisons sont si faibles que nous regardons comme une peine perdue de chercher à les réfuter.

CHAPITRE X.

DE L'INTERJECTION.

Les Interjections sont des expressions rapides, équivalentes quelquefois à des phrases entières. Elles n'ont pas de place marquée, elles n'en sont que plus expressives, soit qu'elles commencent un discours, soit qu'elles le terminent, soit qu'elles l'interrompent. Il semble qu'elles s'échappent toujours au moment de produire leur effet.

Quoique la Grammaire ait peu de chose à remarquer sur l'emploi des interjections, nous croyons néanmoins utile de faire les observations suivantes.

O s'emploie pour apostropher :

O siècle ! ô temps ! ô mœurs !

(Académie.)

D'une âme généreuse, ô volupté suprême !
Un mortel bienfaisant approche de Dieu même.

(Racine, le fils.)

Eh ! oh ! pour exprimer l'affirmation, la surprise :

Eh ! qui n'a pas pleuré quelque perte cruelle !

(Delille.)

Oh, oh ! je croyais le contraire.

(Chapsal.)

Ah ! pour marquer la joie, la douleur :

Ah ! quel plaisir ! ah ! que cela me fait mal !

(Académie.)

Ha ! pour exprimer l'étonnement.

Ha ! l'homme savant, on vous y prend.

(Domergue.)

Hé sert principalement à appeler.

Hé ! viens-çà.

(Académie.)

Hélas ! sert à exprimer ses plaintes :

Hélas ! petits moutons, que vous êtes heureux !

(Deshoulières.)

Fi ! marque le mépris, l'aversion, le dégoût de quelque chose.

Fi de l'avarice, c'est un vilain vice.

(Académie.)

Il faut encore considérer comme INTERJECTIONS certains mots qui ne le sont pas de leur nature, et qui e deviennent par l'usage qu'on en fait pour exprimer quelque mouvement de l'ame ; tels sont :

BON DIEU ! MISÉRICORDE ! PAIX ! SILENCE ! TOUT BEAU ! etc.

(Pons, Girault-Duvivier.)

CHAPITRE XI.

DES FIGURES DE SYNTAXE.

JUSQU'ICI, nous avons parlé des propositions et des léments qui les composent, nous avons établi des ègles sur l'accord des mots entre eux, et sur la place u'il convient de leur donner dans l'énonciation de la ensée, nous allons passer maintenant aux Figures de yntaxe qui contribuent à donner à l'expression plus e grace et d'énergie ; nous donnerons ensuite quelques otions sur les vices qui défigurent le discours, : qui sont une source de mauvaises manières de arler et d'écrire, réprouvées à la fois par la raison t par le goût.

Les figures de syntaxe sont l'Ellipse, le Pléonasme, Syllepse et l'Inversion.

DE L'ELLIPSE.

Le mot ELLIPSE signifie OMISSION, DÉFAUT, MANQUEMENT, US-ENTENDU.

Par exemple, si quelqu'un disait à une personne : ALLEZ-VOUS ? et que la personne répondît : A LA ROMENADE, il y aurait ellipse, c'est-à-dire, omission mots. Pour rendre la construction pleine, il faut péter le verbe ALLER, et dire : JE VAIS A LA PROMENADE.

Pour reconnaître l'ellipse, il faut avoir bien prents à l'esprit ces principes :

Point de sujet sans verbe ;

Point de verbe sans sujet ;

Point de proposition sans l'un et sans l'autre ;

Point de préposition sans complément ;
Point d'adjectif sans substantif ;
Point de relatif sans antécédent.

Il peut y avoir ellipse du substantif, du sujet, du verbe, de l'attribut, de l'antécédent du pronom relatif, et de la préposition.

1° *Ellipse du Substantif.*

Les hommes passent la moitié de leur vie à regretter l'autre.

C'est-à-dire, l'autre MOITIÉ.

2° *Ellipse du Sujet du Verbe.*

Aimez Dieu, et observez ses commandements.

C'est-à-dire, vous aimez Dieu, vous observez ses commandements.

3° *Ellipse du Verbe.*

La complaisance fait des amis, et la vérité, des ennemis.

C'est-à-dire, et la vérité FAIT des ennemis.

4° *Ellipse de l'Attribut.*

Je suis sur vos tablettes ; l'île Madère est en Afrique.

C'est-à-dire, je suis INSCRIT sur vos tablettes ; l'île Madère est SITUÉE en Afrique.

5° *Ellipse de l'Antécédent du Pronom relatif.*

Qui craint Dieu ne fait rien de contraire à sa loi.

C'est-à-dire, CELUI OU LA PERSONNE qui craint Dieu, etc.

6° *Ellipse de la Préposition.*

Nous allons étudier ; je reviens reprendre mes travaux.

C'est-à-dire, nous allons POUR ÉTUDIER ; je reviens POUR REPRENDRE mes travaux.

De par le roi.

C'est-à-dire, EN EXÉCUTION DE L'ORDRE DONNÉ PAR LE ROI.

Après de si bons avis.

C'est-à-dire, APRÈS L'AUDITION DE SI BONS AVIS.

On ne doit pas faire d'ellipse, on ne doit sous-entendre aucun mot, à moins que les circonstances ne le rappellent sur-le-champ et sans effort. Il faut qu ce qui suit, et surtout ce qui précède, indique suffisamment le mot ou les mots qui sont sous-entendus.

Vertueux jusqu'ici, vous pouvez toujours L'ÊTRE.

(Racine.)

Le bien, nous le faisons ; le mal, c'est la fortune.

(La Fontaine.)

Contre tant d'ennemis que vous reste-t-il ? MOI.

(Corneille.)

Le sol le plus ingrat connaîtra la culture.
EST-IL NU ? Que des bois parent sa nudité ;
COUVERT ? portez la hache en ces forêts profondes ;
HUMIDE ? en lacs pompeux, en rivières fécondes,
Changez cette onde impure, et par d'heureux travaux,
Corrigez à la fois l'air, la terre et les eaux.
ARIDE enfin ? cherchez, sondez, fouillez encore ;
L'eau lente à se trahir peut-être est près d'éclore.

(Delille.)

Dans tous ces exemples, l'ellipse n'a rien d'incorrect, parce qu'il est aisé de rétablir sur-le-champ les mots sous-entendus.

Dans le vers suivant :

Je t'aimais inconstant, qu'aurais-je fait, fidèle ?

(Racine.)

L'ellipse est sans doute peu naturelle. Un froid Grammairien qui ne considère que le matériel des mots, peut y trouver quelque chose à reprendre ; mais l'homme de goût n'y verra jamais que l'épanchement d'un sentiment tendre, rendu avec une énergie, une précision qu'il est difficile de ne pas admirer, et qu'il est, à plus forte raison, impossible de condamner.

L'ellipse est vicieuse, lorsque les mots sous-entendus sont à un autre genre, à un autre nombre, à un autre temps, ou à un autre mode que ceux qui ont déjà été exprimés, et auxquels ils se rapportent, ou lorsque l'on passe de l'actif au passif, comme dans les phrases suivantes :

Chapelain, Quinault et plusieurs autres Ecrivains, méritaient qu'on les TRAITAT mieux qu'ils ne LE SONT dans les poëmes de Boileau.

Je ne PAYAIS pas ce domestique autant qu'il voulait L'ÊTRE.

Nous [illegible] ces enfants plus sévèrement qu'ils ne L'ONT ÉTÉ.

Il faut, pour éviter cette dernière espèce de disconvenance, répéter le verbe de la proposition principale, en l'employant passivement, c'est-à-dire, en se servant d'un temps du verbe *être* et du PARTICIPE PASSÉ du verbe *énoncé* dans la même proposition. Ainsi pour être correct, on dira :

Chapelain, Quinault et plusieurs autres Ecrivains, méritaient qu'on les TRAITAT mieux qu'ils ne SONT TRAITÉS dans les poëmes de Boileau.

Ce domestique N'ÉTAIT pas PAYÉ autant qu'il voulait L'ÊTRE.

NOUS PUNIRONS ces enfants plus sévèrement qu'ils n'ONT ÉTÉ PUNIS.

On lit dans Larochefoucault :

L'intention de ne jamais TROMPER nous expose souvent à ÊTRE TROMPÉS.

Et dans J.-J. Rousseau :

L'empire de Russie qui veut SUBJUGUER l'Europe SERA SUBJUGUÉ lui-même.

Cependant il est peu d'auteurs, même parmi les plus corrects, qui ne manquent souvent à cette règle. (1)

DU PLÉONASME.

Le mot PLÉONASME signifie REDONDANCE, SUPERFLUITÉ DE MOTS, MOTS DE TROP.

Le pléonasme ajoute par goût ce que le sens grammatical rejette comme superflu.

Molière a dit :

Je l'ai VU, dis-je VU, DE MES PROPRES YEUX VU, ce qu'on appelle VU.

S'il eût dit simplement JE L'AI VU, le sens grammatical aurait été complet ; mais quel effet ne produisent pas l'addition DE MES YEUX, et le mot VU répété quatre fois.

Le pléonasme peut avoir lieu comme sujet, comme attribut, comme complément direct et comme complément indirect.

1° *Pléonasme employé comme Sujet.*

MOI-MÊME JE l'avoue avec quelque prudence.

(Racine.)

Qu'en ferai-JE, MOI ?

Les mots MOI-MÊME et MOI sont répétés par pléonasme.

---

(1) Plusieurs Grammairiens prétendent justifier la plupart des ellipses vicieuses par le moyen de la Syllepse, figure de grammaire dont on parlera plus loin.

2° *Pléonasme employé comme Attribut.*

Le premier poète épique, c'est HOMÈRE.

Homère est le sujet ; LE PREMIER POÈTE ÉPIQUE est le premier attribut, et CE est le second ATTRIBUT répété par pléonasme.

3° *Pléonasme employé comme Complément direct.*

Je vous crois, vous qui n'en imposez jamais.

Le premier vous est le complément direct, indispensable ; le second vous est le complément répété par pléonasme.

4° *Pléonasme employé comme Complément indirect.*

Et que M'a fait à MOI, cette Troie où je cours?

A MOI, peint avec plus de force la colère d'Achille ; c'est le complément indirect répété par pléonasme.

Le pléonasme n'est permis que quand les mots ajoutés donnent à la pensée plus de netteté, plus de grace ou plus d'énergie ; hors ce cas, il fait un très-mauvais effet, et devient une véritable périssologie.

Les pléonasmes suivants sont vicieux :

Une tempête ORAGEUSE ; une pluie HUMIDE ; une chaleur ÉCHAUFFANTE ; s'entrégorger LES UNS LES AUTRES ; engagements réciproques DE PART ET D'AUTRE ; des cadavres INANIMÉS ; des raisons ASSEZ suffisantes ; une lettre remplie de BEAUCOUP de civilités ; etc.

DE LA SYLLEPSE.

La Syllepse est une figure par laquelle on fait accorder un mot, non avec celui auquel il se rapporte grammaticalement ; mais avec celui qui lui correspond dans la pensée.

LA PLUPART des hommes se SOUVIENNENT mieux des services qu'ils RENDENT que de ceux qu'ils REÇOIVENT.

(*Scudéri.*)

Selon la Grammaire, les verbes *se souviennent*, *rendent* et *reçoivent* devraient être au singulier, puisque le sujet LA PLUPART est au singulier ; mais le mot HOMMES étant le mot dominant dans la pensée, c'est à ce pluriel que l'esprit rapporte les verbes qui le suivent.

Entre LE PAUVRE et vous, vous prendrez Dieu pour juge,
Vous souvenant, mon fils, que caché sous ce lin,
Comme EUX vous fûtes pauvre, et comme EUX orphelin.

(*Racine.*)

Grammaticalement, il faudrait comme LUI, puisque ce pronom rappelle le mot PAUVRE qui est au singulier. Mais le poète ayant dans l'idée les PAUVRES et les ORPHELINS, c'est sur eux que se porte son attention, et c'est avec cette pluralité qu'il fait accorder le pronom.

DE L'INVERSION.

L'inversion est une transposition de mots. D'après l'ordre Grammatical; nous énonçons 1° le sujet, 2° le verbe, 3° le complément ou régime. Ex. :

J'étudie l'histoire ; tu pratiques la vertu ; louons le Seigneur ; l'ambition cause la perte des états ; l'émulation enfante les succès.

Il y a donc inversion toutes les fois qu'on s'écarte de la marche que nous avons indiquée plus haut.

Les principales inversions qui ont lieu en français sont :

1° *L'inversion du Sujet.*

Ainsi périrent LES GRACQUES, CES ILLUSTRES ENFANTS DE CORNELIE.

Construction directe : les Gracques périrent ainsi.

2° *L'inversion de l'Attribut.*

LE PLUS GRAND ROI de France fut Louis XIV ; LE MEILLEUR fut Henri IV.

Construction directe: Louis XIV fut le plus grand roi ; Henri IV fut le meilleur.

3° *L'inversion du Complément de l'attribut.*

DES GENS D'ESPRIT souvent la folie est le lot.

Construction directe : la folie est souvent le lot des gens d'esprit.

4° *L'inversion du Complément direct.*

QUELS MALHEURS n'entraînent pas après eux les conquérants ?

Construction directe : les conquérants entraînent après eux quels malheurs.

5° *L'inversion du Complément indirect.*

DU POIDS DE NOS CHAGRINS un ami nous soulage.

Construction directe : un ami nous soulage du poids de nos chagrins.

7° *L'inversion du Complément du Sujet.*

DE LA RELIGION la voix est méconnue.

Construction directe : la voix de la religion est méconnue.

8° *L'inversion de l'Adverbe.*

A la terre TOUJOURS l'homme a dû sa dépouille.

Construction directe : l'homme a dû toujours, etc.

Les inversions sont plus fréquentes en poésie qu'en prose, parce que la poésie étant le langage des passions exige plus de hardiesse et de chaleur ; en prose, au contraire, l'ordre Grammatical a la marche lente, froide et monotone. Mais en poésie, comme en prose, dit Lefranc, il faut que l'inversion soit conforme au génie de la langue ; qu'elle rende les phrases plus nettes ou plus coulantes, plus fortes ou plus énergiques. Si le déplacement des mots rend la phrase traînante, faible ou équivoque, l'inversion est vicieuse.

Pour plus de développement sur toutes les espèces d'inversions, lisez les exercices d'analyse Grammaticale de MM. Noël et Chapsal.

CHAPITRE XII.

DES VICES QUI DÉFIGURENT LE DISCOURS.

Les vices qui défigurent le discours sont le Solécisme et le Barbarisme.

DU SOLÉCISME.

Le solécisme est une faute grossière contre la langue. Ce mot dérive de SOLOS, ville de Cilicie. Les peuples de l'Attique s'étant habitués à SOLOS, corrompirent leur langue, en parlant un langage mêlé de l'attique et de celui du nouveau pays qu'ils habitaient. Ainsi, chez les Grecs, faire un solécisme, c'était parler comme à Solos.

Le solécisme consiste à violer les lois de la syntaxe, en trangressant les règles du nombre et du genre, celles de la concordance, ou celles de la conjugaison ; enfin en donnant à un mot un autre complément que celui qu'il réclame.

1° *Solécisme contre le Nombre.*

Vous pouvez adorer César, si l'on l'adore ;
Mais quoique vos ENCENS le traitent d'immortel.

(*Corneille.*)

ENCENS ne s'emploie point au pluriel.

Je vous le dirai entre QUATRES yeux.

QUATRE, nom de nombre, ne prend jamais de s.

Cette expression, quoique se trouvant dans une édition du Dictionnaire de l'Académie n'en est pas moins vicieuse (1)

2° *Solécisme contre le Genre.*

Les LONGUES pleurs d'un enfant; ELLES ne sont pas l'ouvrage de la nature.

(J.-J. Rousseau.)

PLEURS est du genre masculin.

3° *Solécisme contre la Concordance.*

Hélas! durant ces jours de joie et de festins,
QUELLE ÉTAIT, en secret, ma honte et mes chagrins!

(Racine.)

QUELLE a rapport non-seulement à HONTE, mais encore à CHAGRINS, il faut donc QUELS au masculin et au pluriel. ETAIT a pour sujet deux substantifs distincts, le poëte aurait dû dire ÉTAIENT.

4° *Solécisme contre la Conjugaison.*

On fait un solécisme contre la conjugaison, toutes les fois qu'on donne aux personnes des verbes, des formes différentes de celles que l'usage autorise; comme

LORSQU'ON DIT :	AU LIEU DE :
Je parla,	Je parlai.
Je mangea,	Je mangeai.
Il ayait.	Il avait.
Le pot bouille,	Le pot bout.
N. confonderions,	N. confondrions.
N. vainquerions,	N. vaincrions.
N. metterions,	N. mettrions.
N. corromperions,	N. corromprions.
N. deverions,	N. devrions.
Je cousus,	Je cousis.
Que je coususse,	Que je cousisse.
Je me distraisais,	Je me distrayais.

(1) C'est Wailly qui l'y a fait insérer. Ce Grammairien trompé par une fausse analogie, et séduit par l'opinion de Beauzée, crut que pour adoucir la prononciation, on pouvait mettre un s à QUATRE, comme on met un T dans VA-T-IL, A-T-IL, LU, etc.

Domergue causant un jour avec lui, lui représenta les abus qu'entraînerait l'application d'un pareil principe; Wailly reconnut son erreur, mais le Dictionnaire était imprimé, et il n'était plus en son pouvoir de la réparer.

LORSQU'ON DIT :	AU LIEU DE :
Il faut que je me distraise,	Il faut que je me distraie.
Assis-toi ;	Assieds-toi.
Vous vous dédites,	Vous vous dédisez.
Nous contredites,	Vous contredisez.
Vous médites,	Vous médisez.
Vous maudites,	Vous maudissez.

5° *Solécisme contre le Complément.*

C'est faire un solécisme contre le complément que de donner à un mot un autre complément que celui qu'il exige, comme dans ces exemples :

LORSQU'ON DIT :	AU LIEU DE :
S'appuyer après un mur,	S'appuyer contre un mur.
Aller voir quelqu'un, avec un mauvais temps,	Aller voir quelqu'un par un mauvais temps.
Veux-tu venir comme moi?	Veux-tu venir avec moi?
Votre fils est aussi grand comme le mien.	Votre fils est aussi grand que le mien.
Grincer les dents,	Grincer des dents.
Inviter d'assister,	Inviter à assister.
Jouir un bien,	Jouir d'un bien.
Arracher brin par brin,	Arracher brin à brin.
Compter sous par sous.	Compter sous à sous.

DU BARBARISME.

On entend par barbarisme une expression étrangère à la langue que l'on parle. Ce mot vient de ce que les Grecs et les Romains appelaient barbares les autres peuples.

On fait un barbarisme, selon Beauzée :

1. En se servant d'un mot qui n'est pas dans le Dictionnaire de la langue, comme lorsqu'on dit ALARGIR pour ÉLARGIR ; CLAIRES d'œufs, pour GLAIRES d'œufs ; poires CHOPPES, pour poires BLETTES ou MOLLES.

2. En prenant un mot dans un sens différent de celui qu'il a dans l'usage ordinaire, comme quand on emploie un adverbe au lieu d'une préposition :

Il arrivera AUPARAVANT midi, au lieu de AVANT midi.

3. En usant de façons de parler qui ne sont en usage que dans une autre langue, comme *je suis été*, au lieu de *j'ai été*.

Pour connaître les barbarismes les plus usités, et en même temps le moyen de les éviter, il faut consulter l'ouvrage que nous avons publié en 1825 sous le titre de DICTIONNAIRE DES LOCUTIONS VICIEUSES. Cet ouvrage qui nous a mérité de la part de l'Académie de Bordeaux une médaille d'argent vient d'être cité avec éloge dans le n° 11 du Journal de la société Grammaticale, (année 1835.) ce qui prouve assurément moins le mérite de notre travail que l'intérêt que les sociétés savantes mettent à voir triompher notre langue de tous les patois et de tous les jargons répandus dans le midi de la France, et qui, malgré le progrès des lumières, subsistent encore, comme des restes impurs de la barbarie et de la servitude du moyen âge.

DU SENS PROPRE ET DU SENS FIGURÉ.

Le sens propre d'un mot est la première idée de ce mot, l'idée primitive qui a donné lieu à la création, à l'établissement de ce mot.

Dans ces phrases:

Le FEU est bon en hiver; le FEU a consumé ma maison.

Le mot FEU est pris au propre; il signifie ici cette matière très-vive et très-subtile qui échauffe et consume d'autres matières.

Mais si je dis:

Le FEU de la colère, le FEU de la vengence, le FEU de la passion.

Le mot FEU est pris au figuré, c'est-à-dire, dans une acception détournée de l'idée primitive de ce mot. On appelle cette nouvelle acception sens figuré, parce qu'en effet, les mots employés ainsi prennent une nouvelle figure, et jouent un nouveau rôle dans le discours.

Quelques petits tableaux de différentes sortes de mots employés au sens propre et au sens figuré, rendront plus sensible ce que nous venons de dire.

SUBSTANTIFS EMPLOYÉS

Au sens propre:	*Au sens figuré*:
Un coup de pierre,	Un coup du sort.
La chute d'une maison,	La chute d'une famille.
Le faite d'un bâtiment,	Le faite des honneurs

ADJECTIFS EMPLOYÉS

Au sens propre:	*Au sens figuré*:
Dévoré par un loup,	Dévoré d'ambition.
Plein d'eau,	Plein de courage.
Visage bouffi,	Bouffi d'orgueil.
Mur épais,	Esprit épais.

VERBES EMPLOYÉS

Au sens propre :	*Au sens figuré* :
Tomber dans un fossé,	Tomber dans la disgrace.
Quitter un habit;	Quitter un emploi.
Courir après un voleur,	Courir après la faveur.
Aller à la ville,	Aller aux honneurs.

ADVERBES EMPLOYÉS

Au sens propre :	*Au sens figuré* :
Lourdement tombé,	Lourdement pensé.
Pesamment chargé,	Pesamment raisonné.
Durement battu,	Durement écrit.

Des Gallicismes ou Idiotismes français.

On entend par gallicismes des façons de parler éloignées des lois générales du langage, et exclusivement propres à la langue française.

Le gallicisme viole les règles de la syntaxe, mais il est autorisé par l'usage.

Voici quelques exemples des gallicismes les plus communs:

Comment vous portez-vous?	Etre au fait des usages.
Elle s'est vue mourir.	Je me suis trouvé mal.
Faire la barbe.	Faire les ongles.
Il pleut, il tonne.	Il gèle, il grêle.
Nous allons rester.	Il vient de s'en aller.
Il eut beau dire.	Entrer en fureur.
Je sors de dîner.	On va parler.

REMARQUES DÉTACHÉES

Extraites des ouvrages de Vaugelas, de Ménage, de Marmontel, de Philippon-Lamadelaine, de D'olivet, de Girard, de Pornin, de Girault-Duvivier, de Boniface, de Chapsal, de Domergue et du Journal Grammatical.

NOUS SOMMES D'ACCORD. — NOUS SOMMES D'ACCORDS.

ACCORD dans le sens de CONSENTEMENT, UNION D'ESPRIT, CONFORMITÉ DE VOLONTÉS, ne s'emploie qu'au singulier.

ILS SONT TOMBÉS D'ACCORD.

(*Académie.*)

TOUTE PUISSANCE EST ÉTABLIE DE DIEU, VOUS EN ÊTES D'ACCORD.

(Pélisson.)

AGRÉER.

AGRÉER signifiant ACCUEILLIR, TROUVER BON, demande un complément direct.

LE PRINCE A AGRÉÉ MON HOMMAGE.

AGRÉER veut un complément indirect, quand il signifie PLAIRE, CONVENIR.

JE N'EUS PAS LE BONHEUR D'AGRÉER A CES PERSONNES.

AIDER.

AIDER signifiant SECOURIR, DONNER DE L'ASSISTANCE, veut un complément direct.

AIDER QUELQU'UN DE SA BOURSE, DE SES CONSEILS.

(Académie.)

AIDER signifiant DONNER DE LA FACILITÉ A QUELQU'UN POUR FAIRE QUELQUE CHOSE, PARTAGER SES TRAVAUX, SON EMBARRAS, veut un complément indirect.

AIDEZ UN PEU A CE PAUVRE HOMME A PORTER SON FARDEAU.

(Académie.)

AIR.

PRENDRE L'AIR, PRENDRE UN PEU D'AIR, PRENDRE DES AIRS.

PRENDRE L'AIR signifie SORTIR D'UN LIEU FERMÉ POUR ALLER DANS UN ENDROIT DÉCOUVERT, comme place, cour ou jardin. Il se dit aussi POUR ALLER PASSER QUELQUES JOURS A LA CAMPAGNE.

JE SORTIRAI, CE SOIR, POUR PRENDRE L'AIR. IL EST ALLÉ PRENDRE L'AIR A SA MAISON DE CAMPAGNE.

PRENDRE UN PEU D'AIR, c'est FAIRE ENTRER UN NOUVEL AIR DANS UN LIEU RENFERMÉ.

OUVREZ LA FENÊTRE POUR PRENDRE UN PEU D'AIR.

PRENDRE DES AIRS, c'est AVOIR UN TON, DES MANIÈRES qui ne conviennent ni à sa naissance ni à son état.

NE VOUDRAIT-IL PAS PRENDRE DES AIRS AVEC NOUS?

ALEXANDRE-LE-GRAND. — LE GRAND ALEXANDRE.

Il y a cette différence à remarquer que si l'adjectif est mis avant le nom propre, il énonce une qualité qui peut être commune à plusieurs, et que s'il vient après, il exprime une qualité distinctive, et qui n'appartient qu'à l'objet qualifié.

Quand je dis LE GRAND ALEXANDRE, je donne simplement à ce prince la qualité de GRAND; mais si je dis ALEXANDRE-LE-GRAND, je le caractérise par une qualité spéciale qui le distingue des autres hommes qui, comme lui, ont porté le nom d'Alexandre.

ANOBLIR. — ENNOBLIR.

ANOBLIR signifie FAIRE NOBLE, RENDRE NOBLE, DONNER DES LETTRES DE NOBLESSE.

LE ROI L'A ANOBLI PAR LETTRES.

(Académie.)

ENNOBLIR signifie RENDRE PLUS CONSIDÉRABLE, DONNER DU LUSTRE.

LES SCIENCES, LES BEAUX-ARTS ENNOBLISSENT UNE LANGUE.

(Académie.)

APPLAUDIR.

APPLAUDIR veut après lui un complément direct, lorsqu'il signifie BATTRE DES MAINS EN SIGNE D'APPROBATION.

TOUT LE PEUPLE D'ATHÈNES APPLAUDISSAIT DÉMOSTHÈNE, LORSQU'IL TONNAIT CONTRE PHILIPPE.

APPLAUDIR demande un complément indirect, lorsqu'il signifie APPROUVER, TROUVER BON.

NOUS AVONS APPLAUDI A LA FERMETÉ DU GOUVERNEMENT QUI A SU IMPOSER AUX FACTIEUX.

ARTISTE.

On fait un usage bien ridicule du mot ARTISTE, en l'appliquant à tous les métiers, à toutes les professions. Ce mot ne doit se dire que de celui qui travaille dans un art où le génie et la main doivent concourir.

ASSURER.

ASSURER signifiant DONNER POUR SUR réclame la préposition A.

ASSUREZ A VOTRE AMI QUE J'EMPLOIERAI TOUT MON CRÉDIT POUR LUI FAIRE OBTENIR UNE PLACE,

IL NOUS AVAIT ASSURÉ QU'IL IRAIT VOUS VOIR.

ASSURER réclame la préposition DE, quand il signifi témoigner.

ASSUREZ VOTRE FRÈRE DE MON AMITIÉ.

ASSUREZ VOTRE MÈRE DE MON RESPECT.

ATTEINDRE QUELQUE CHOSE. — ATTEINDRE A QUELQUE CHOSE.

ATTEINDRE QUELQUE CHOSE se dit des choses auxquelles on parvient sans effort, sans difficulté, et pour ainsi dire malgré soi.

ELLE N'A PAS ENCORE ATTEINT SON CINQUIÈME LUSTRE.

IL A ATTEINT UNE LONGUE VIEILLESSE.

ATTEINDRE A QUELQUE CHOSE se dit des choses auxquelles on parvient avec difficulté, en faisant des efforts dirigés vers elles.

ATTEINDRE AU BUT, ATTEINDRE AU FAITE DE LA GLOIRE.

(Académie.)

L'UN L'AUTRE. — L'UN ET L'AUTRE.

L'UN L'AUTRE s'emploie pour indiquer une idée de réciprocité.

CES DEUX POÈTES SE VANTENT L'UN L'AUTRE.

C'est comme si l'on disait : L'UN VANTE L'AUTRE.

L'UN et L'AUTRE forme une idée une et indivisible qui devient toujours le sujet ou le complément d'une proposition ; le sujet, lorsqu'on dit de deux enfants paresseux : L'UN ET L'AUTRE SERONT PUNIS.

Le complément, lorsqu'on dit des mêmes enfants : JE HAIS L'UN ET L'AUTRE.

EN VOICI BIEN D'UN AUTRE. — EN VOICI BIEN D'UNE AUTRE.

Les auteurs ne sont pas d'accord sur la manière d'écrire cette locution.

L'Académie, dans son Dictionnaire, édition de 1798, l'écrit des deux manières.

Trévoux, Voltaire et Féraud mettent le féminin.

L'Académie, édition de 1762, Chabanon et Gresset mettent le masculin.

Boinvilliers adopte cette orthographe.

Girault-Duvivier est d'un avis contraire.

Dans cette manière de parler : EN VOICI BIEN D'UNE AUTRE, on sous-entendra le mot SORTE OU ESPÈCE.

Dans l'autre manière de parler, nous ne voyons pas ce que l'on peut sous-entendre. Nous pensons donc que le féminin est préférable.

AVOIR PEINE. — AVOIR DE LA PEINE.

AVOIR PEINE marque la répugnance plus ou moins grande.

J'AI PEINE A CONSENTIR A CE QUE VOUS VOULEZ.

AVOIR DE LA PEINE marque la difficulté que l'on éprouve, les obstacles qu'on rencontre.

IL AURA DE LA PEINE A GAGNER SON PROCÈS.

IL A DE LA PEINE A PARLER.

AVOIR MAL A LA TÊTE. — AVOIR DU MAL A LA TÊTE.

AVOIR MAL A LA TÊTE signifie que l'on souffre, en général, de la tête, comme lorsqu'on a la migraine ou la fièvre.

AVOIR DU MAL A LA TÊTE indique un mal particulier, un mal placé à une partie de la tête, soit naturellement, soit par suite d'un accident, comme d'un coup de pierre, une chute, etc.

BATTRE LE TAMBOUR. — BATTRE DU TAMBOUR.

BATTRE LE TAMBOUR signifie donner une annonce, un signal sur le tambour.

CE FUT A L'ENTRÉE D'ÉDOUARD III DANS CALAIS, EN 1347, QUE L'ON ENTENDIT BATTRE LE TAMBOUR POUR LA PREMIÈRE FOIS.

(Académie.)

BATTRE DU TAMBOUR signifie tirer des sons du tambour, jouer du tambour.

IL A APPRIS A BATTRE DU TAMBOUR.

(Académie.)

IL S'EN FAUT DE BEAUCOUP. — IL S'EN FAUT BEAUCOUP.

IL S'EN FAUT DE BEAUCOUP indique qu'il y a défaut, manquement de l'objet dont on parle ; cette expression fait entendre que la qualité qui devrait être dans une chose quelconque n'y est pas.

VOUS CROYEZ M'AVOIR TOUT DIT, IL S'EN FAUT DE BEAUCOUP.

IL S'EN FAUT DE BEAUCOUP QUE LA SOMME Y SOIT.

(Académie.)

IL S'EN FAUT BEAUCOUP suppose une comparaison. Cette expression sert à spécifier la différence qui se trouve entre deux personnes ou deux choses.

LE CADET N'EST PAS SI SAGE QUE L'AÎNÉ, IL S'EN FAUT BEAUCOUP.

(*Académie.*)

IL S'EN FALLAIT BEAUCOUP QU'IL FUT SI A PLAINDRE QUE MOI.

(*Racine.*)

BUT.

REMPLIR UN BUT : cette expression est incorrecte. On ne REMPLIT pas un BUT, on y atteint.

FAIRE MOINS BIEN QUE LES AUTRES. — FAIRE BIEN MOINS QUE LES AUTRES.

BIEN placé après l'adverbe est adverbe de manière. FAIRE MOINS BIEN QUE LES AUTRES, c'est faire d'une manière moins perfectionnée.

BIEN placé devant un autre adverbe est adverbe de quantité.

FAIRE BIEN MOINS QUE LES AUTRES, c'est faire moins d'ouvrage que les autres.

EN CAMPAGNE. — A LA CAMPAGNE.

Il ne faut pas confondre ces deux expressions.

EN CAMPAGNE se dit du mouvement des troupes.

L'ARMÉE EST EN CAMPAGNE.

(*Académie.*)

EN CAMPAGNE signifie aussi qu'on est en mouvement, qu'on voyage pour ses affaires.

A LA CAMPAGNE est l'opposé de A LA VILLE. On emploie cette expression, en parlant d'une personne qui a quitté la ville pour les champs.

IL EST A LA CAMPAGNE ; IL NE SE PLAIT QU'A LA CAMPAGNE.

QUAND CE NÉGOCIANT EST EN CAMPAGNE, SA FEMME EST A LA CAMPAGNE.

COMMANDER.

COMMANDER signifiant être en chef veut un complément direct.

MILTIADE COMMANDAIT LA FLOTTE DES ATHÉNIENS.

COMMANDER signifiant PRESCRIRE, DICTER DES ORDRES, exige un complément indirect.

L'HOMME SAGE SAIT COMMANDER A SES PASSIONS.

COMMENCER A. — COMMENCER DE.

COMMENCER A indique une action qui aura de l'accroissement.

J'AI COMMENCÉ A BATIR.

CET ENFANT COMMENCE A LIRE, A MARCHER.

COMMENCER DE, indique une action qui aura de la durée.

CE ROI A COMMENCÉ DE RÉGNER, EN TELLE ANNÉE.

IL AVAIT COMMENCÉ D'ÉCRIRE SA LETTRE.

ON A COMMENCÉ D'OUVRIR LA TRANCHÉE.

CONSEILLER.

CONSEILLER signifiant donner des conseils veut un complément direct.

ON DOIT TOUJOURS CONSEILLER LES JEUNES GENS, parce qu'ils manquent d'expérience.

CONSEILLER signifiant ENGAGER, EXHORTER, demande un complément indirect.

NOUS DEVONS CONSEILLER AUX JEUNES GENS DE FAIRE DES PROVISIONS POUR L'AGE MUR.

CONSÉQUENT.

On ne doit pas dire : UNE AFFAIRE CONSÉQUENTE, UN REVENU CONSÉQUENT, UNE SOMME CONSÉQUENTE, UN BIEN CONSÉQUENT.

Que veut dire le mot CONSÉQUENT? QUI SUIT DE, QUI EST CONFORME A. Or, qu'est-ce qu'une affaire qui SUIT DE, un revenu CONFORME A? Ce mot, selon Féraud, Chapsal, Boiste et plusieurs autres Grammairiens ne peut s'appliquer aux choses. Il faut dire : une affaire IMPORTANTE, un revenu CONSIDÉRABLE.

Mais on dit un homme CONSÉQUENT, une personne CONSÉQUENTE, c'est-à-dire, un homme, une personne qui AGIT, qui RAISONNE CONSÉQUEMMENT.

CONSUMER. — CONSOMMER.

CONSUMER se dit de tout ce qui est susceptible d'être dévoré ou anéanti.

L'INCENDIE A TOUT CONSUMÉ.

LES ENNUIS, LES CHAGRINS, LES REGRETS CONSUMENT.

CONSOMMER se dit de tout ce qui est susceptible d'être accompli ou perfectionné.

UN OUVRAGE CONSOMMÉ, UNE VERTU CONSOMMÉE.

Beauzée fait sentir la différence de ces deux verbes dans la phrase suivante :

UN HOMME CONSOMMÉ DANS LES SCIENCES, N'A certainement PAS CONSUMÉ TOUT SON TEMPS DANS L'INACTION OU DANS LES FRIVOLITÉS.

COUCHER SUR LA TERRE. — COUCHER PAR TERRE.

COUCHER SUR LA TERRE, c'est avoir la terre pour lit, y être étendu pour prendre du repos. On dit aussi dans ce sens : coucher sur la dure.

COUCHER PAR TERRE signifie renverser, tuer.

LES ENNEMIS S'AVANÇAIENT ; ON FIT SUR EUX UNE DÉCHARGE QUI EN COUCHA CINQUANTE PAR TERRE.

Quelquefois COUCHER PAR TERRE signifie aussi s'y étendre dans le dessein de s'y reposer ou de dormir ; mais alors il faut y ajouter un des pronoms personnels ME, TE, SE.

JE ME COUCHE PAR TERRE, QUAND JE SUIS FATIGUÉ.

ÊTRE A COUVERT. — ÊTRE A L'ABRI.

ÊTRE A COUVERT désigne une chose qui cache ; ÊTRE A L'ABRI désigne une chose qui défend. Ainsi l'on dit : ÊTRE A COUVERT du soleil ; A L'ABRI du mauvais temps.

ETRE A COUVERT des poursuites de ses créanciers ;

ETRE A L'ABRI des traits de l'envie.

CRACHER LE SANG. — CRACHER DU SANG.

Ces deux locutions expriment deux idées différentes.

IL CRACHE LE SANG me présente un homme qui a reçu un coup violent, et qui crache le sang en abondance ; ou bien une personne attaquée d'une maladie interne de poitrine ou autre, et dont la perte de sang habituelle est d'un fort mauvais présage.

Mais si je dis d'un homme : IL CRACHE DU SANG, cette phrase marque qu'il rend du sang par une cause quelconque, volontaire ou non, connue ou invisible, mais toujours de manière à signifier que la perte n'est ni considérable ni dangereuse, et que cet état ne saurait être de longue durée.

DÉJEUNER DE. — DÉJEUNER AVEC.

On doit dire : DÉJEUNER DE café, DE chocolat, DE riz, et non DÉJEUNER AVEC du café, AVEC du chocolat, AVEC du riz.

La préposition AVEC demande pour complément un nom de personne, comme J'AI DÉJEUNÉ, CE MATIN, AVEC UN DE MES AMIS.

Cependant les Rédacteurs du Journal Grammatical approuvent la première manière de s'exprimer.

DÉLIBÉRER.

DÉLIBÉRER est un verbe neutre. On ne peut donc pas dire QU'UNE CHOSE A ÉTÉ DÉLIBÉRÉE, parce qu'il n'y a que les verbes actifs qui aient un passif.

Ainsi, au lieu de dire : SAVEZ-VOUS CE QUI A ÉTÉ DÉLIBÉRÉ, dites : SAVEZ-VOUS SUR QUOI ON A DÉLIBÉRÉ, OU QUEL A ÉTÉ LE SUJET DE LA DÉLIBÉRATION ?

DEMANDER EXCUSE.

JE VOUS DEMANDE EXCUSE : cette locution, quoique usitée dans toute la France, n'en est pas moins de l'aveu de tous les Grammairiens, un véritable barbarisme.

Quand nous demandons, n'est-ce pas pour qu'on nous accorde ? Or, ici, voulons-nous qu'on nous accorde des excuses ? ne voulons-nous pas, au contraire, accorder, ou plutôt faire des excuses à la personne que nous avons offensée ? En disant JE VOUS DEMANDE EXCUSE, nous faisons donc un contre-sens.

Pour que l'expression réponde à l'idée que nous voulons énoncer, nous devons dire : JE VOUS FAIS MES EXCUSES, JE VOUS PRIE DE M'EXCUSER, JE VOUS DEMANDE PARDON.

DEMEURER. — LOGER.

Ces deux verbes ne s'emploient pas indifféremment l'un pour l'autre.

DEMEURER, dit l'abbé Girard, se dit par rapport au lieu topographique où l'on habite, et LOGER, par rapport à l'édifice où l'on se retire.

On DEMEURE à Paris, en province, à la campagne ; on demeure vis-à-vis l'évêché, vis-à-vis la préfecture, et on LOGE dans une chaumière, dans un palais, dans un hôtel garni.

Quand les gens riches DEMEURENT à Paris, ils LOGENT dans des hôtels, et quand ils DEMEURENT à la campagne, ils LOGENT dans des châteaux.

DROITE.

Faut-il dire : Mademoiselle, tenez-vous DROITE, ou tenez-vous DROIT ?

Marchez DROITE ou marchez DROIT ?

Pour résoudre cette question, il est nécessaire de remonter à ce principe que toutes les fois qu'un adjectif modifie un verbe, il est pris adverbialement, et il doit alors rester invariable, et que toutes les fois qu'il remplit sa fonction naturelle et ordinaire, c'est-à-dire, lorsqu'il modifie un nom, il doit en prendre le genre et le nombre.

Ainsi, l'on doit dire : CETTE DEMOISELLE CHANTE FAUX, ELLE EST ASSISE TROP BAS, ELLE ÉCRIT DROIT, parce que FAUX, BAS, DROIT, modifie le verbe qui précède chacun de ces adjectifs.

Et l'on devra dire : MADEMOISELLE, TENEZ-VOUS DROITE, parce que l'adjectif modifie le pronom vous qui est du féminin.

On pourra dire à une femme : MARCHEZ DROIT, lorsqu'on aura intention de lui dire, MARCHEZ, DIRIGEZ-VOUS EN LIGNE DROITE, et marchez DROITE, lorsqu'on voudra lui dire, MARCHEZ de manière que VOTRE PERSONNE SOIT DROITE.

ÉCHAPPER.

ECHAPPER prend la préposition A quand il signifie n'être pas PRIS, SAISI, APERÇU.

ECHAPPER A LA FUREUR, A LA POURSUITE DES ENNEMIS.

ECHAPPER prend la préposition DE, lorsqu'il signifie CESSER D'ÊTRE où l'on était, SORTIR DE.

ECHAPPER DES MAINS DES VOLEURS ; S'ÉCHAPPER DE PRISON.

CE MOT M'A ÉCHAPPÉ. — CE MOT M'EST ÉCHAPPÉ.

Ces deux locutions ont un sens bien différent.

CE MOT M'A ÉCHAPPÉ veut dire, j'ai oublié ce mot, je ne l'ai pas retenu. C'est dans ce sens que l'on dit : ce que je voulais dire M'A ÉCHAPPÉ, pour j'ai oublié ce que je voulais dire.

CE MOT M'EST ÉCHAPPÉ signifie j'ai laissé aller ce mot, j'ai prononcé ce mot par inadvertance ; sans y prendre garde, sans réflexion.

ÉCLAIRER QUELQU'UN. — ÉCLAIRER A QUELQU'UN.

Lorsque le verbe ÉCLAIRER signifie donner de l'intelligence, de la clarté à l'esprit, il est suivi d'un régime ou complément direct toujours exprimé.

CETTE LECTURE LUI A BIEN ÉCLAIRÉ L'ESPRIT.

(Académie.)

Si ce verbe désigne l'action d'apporter de la lumière à quelqu'un pour lui faire voir clair, il se construit avec la préposition A, et n'a plus de complément direct exprimé.

ÉCLAIREZ A MONSIEUR.

Cette phrase renferme une ellipse. C'est comme si l'on disait : ÉCLAIREZ L'ESCALIER A MONSIEUR, parce que ce n'est pas la personne qu'on éclaire, mais le lieu où elle passe.

Les Rédacteurs du Journal Grammatical emploient le verbe ÉCLAIRER sans préposition, dans ce dernier sens, et justifient leur opinion par l'autorité de plusieurs bons écrivains.

PÉRIL ÉMINENT. — PÉRIL IMMINENT.

UN PÉRIL ÉMINENT est un péril très-grand, et dont on a le temps d'examiner la grandeur ; UN PÉRIL IMMINENT est un péril qu'on peut regarder comme présent, et où souvent le hasard nous engage.

On dira d'un malheureux qui doit expier son crime sur l'échafaud, qu'il est dans UN PÉRIL ÉMINENT, et d'un criminel qu'on mène au supplice, ou d'un homme surpris par des voleurs, qu'il est dans UN PÉRIL IMMINENT.

EMINENT signifie HAUT, ÉLEVÉ ; IMMINENT signifie qui MENACE, qui EST SUR LE POINT DE TOMBER SUR.

EMPORTER. — REMPORTER LE PRIX.

EMPORTER LE PRIX, c'est obtenir un avantage, une récompense, un honneur que l'on ambitionnait.

CETTE FEMME EMPORTERA PARTOUT LE PRIX DE LA BEAUTÉ.

La Fontaine a dit qu'il EMPORTERAIT le prix de son travail, s'il parvenait à plaire au Dauphin.

REMPORTER LE PRIX, c'est obtenir la récompense, la couronne, en s'élevant au-dessus de ses concurrents.

JUNON, MINERVE ET VÉNUS DISPUTAIENT DE BEAUTÉ, VÉNUS REMPORTA LE PRIX.

UN ÉCOLIER REMPORTE DES PRIX.

REMPORTER le prix entraîne une idée de rivalité que ne marque point le premier verbe.

ÊTRE EN PEINE.— ÊTRE DANS LA PEINE.— ÊTRE EN ROBE. — ÊTRE DANS LA ROBE. — ÊTRE EN ÉPÉE. — ÊTRE DANS L'ÉPÉE.

Je suis EN PEINE signifie JE SUIS INQUIET, JE DOUTE, JE NE SUIS PAS TRANQUILLE.

Je suis DANS LA PEINE veut dire J'AI DU CHAGRIN, JE SUIS ACCABLÉ DE MALHEURS.

C'est par suite de la différence de signification que présentent les deux prépositions EN, DANS, qu'on ne dit pas indifféremment être EN ROBE, être DANS LA ROBE; être EN ÉPÉE, être DANS L'ÉPÉE.

Etre EN ROBE, c'est ÊTRE REVÊTU D'UNE ROBE; être DANS LA ROBE, c'est ETRE DANS LA MAGISTRATURE.

Etre EN ÉPÉE, c'est ÊTRE CEINT D'UNE ÉPÉE; être DANS L'ÉPÉE, c'est ETRE DANS LE MILITAIRE.

EMPRUNTER.

EMPRUNTER ayant pour complément indirect le nom d'une personne se construit avec la préposition A ou avec la préposition DE.

EMPRUNTER UNE SOMME A QUELQU'UN ou de QUELQU'UN.

EMPRUNTER ayant pour complément indirect le nom d'une chose se construit mieux avec la préposition DE.

LA LANGUE FRANÇAISE EMPRUNTE, TOUS LES JOURS, UNE FOULE DE MOTS DE LA LANGUE GRECQUE.

ENSEIGNER.

Cet enfant A ÉTÉ BIEN ENSEIGNÉ.

Cette expression n'est pas française. ENSEIGNER ne se dit que des choses.

LA LANGUE GRECQUE EST MIEUX ENSEIGNÉE EN ALLEMAGNE QU'EN FRANCE.

L'ITALIE EST LE PAYS OU LA MUSIQUE EST LE MIEUX ENSEIGNÉE.

Ainsi au lieu de dire : CET ENFANT EST BIEN ENSEIGNÉ, il faut dire : CET ENFANT A REÇU DE BONS PRINCIPES, OU ON A BIEN INSTRUIT CET ENFANT.

ENTENDRE.

ENTENDRE veut un complément direct, quand il signifie OUIR, CONCEVOIR, PRÉTENDRE, SAVOIR.

ROUSSEAU ENTENDAIT LES RÈGLES DE LA COMPOSITION.

ENTENDRE demande un complément indirect, lorsqu'il signifie CONSENTIR.

CÉSAR RÉPONDIT QU'IL NE VOULAIT PAS ENTENDRE A LA PROPOSITION QUI LUI ÉTAIT FAITE DE LA PART DU SÉNAT.

ENTENDRE RAILLERIE. — ENTENDRE LA RAILLERIE.

ENTENDRE RAILLERIE, c'est souffrir les railleries sans se fâcher.

Néron, tout Néron qu'il était ENTENDIT très bien RAILLERIE sur ses vers, et ne crut pas que l'empereur, en cette occasion, dût prendre les intérêts du poète.

(*Boileau.*)

ENTENDRE LA RAILLERIE, c'est entendre l'art de railler, c'est manier finement la plaisanterie.

PEU DE GENS ENTENDENT LA FINE ET INNOCENTE RAILLERIE.

(*Bouhours.*)

ENVIER. — PORTER ENVIE.

ENVIER se dit des choses.

J'ENVIE VOTRE BONHEUR.

(*Académie.*)

PORTER ENVIE ne se dit que des personnes.

JE PORTE ENVIE à mon ami de ce qu'il a le plaisir de vous voir.

(*Académie.*)

ÉVITER. — ÉPARGNER LA PEINE A QUELQU'UN.

On ÉVITE une chose pour soi, comme un danger, en ne s'y exposant pas; mais on ÉPARGNE de la peine à quelqu'un, en la prenant soi-même.

On a blâmé Marmontel d'avoir dit :

Savoir si Socrate n'eût pas mieux fait, en s'échappant de sa prison, d'ÉVITER à ses juges le crime de sa mort.

Il aurait dû dire ÉPARGNER.

Que ne m'ÉPARGNEZ-VOUS la douleur de le dire ?

(*Racine.*)

Non, Seigneur, il lui faut ÉPARGNER cet outrage.

(*Voltaire.*)

EPARGNE à ma vertu cet odieux récit.

(*Crébillon.*)

Aucun de ces poètes n'a employé ici le verbe ÉVITER.

SUIVRE. — IMITER L'EXEMPLE.

On doit dire dans le sens moral SUIVRE l'exemple de quelqu'un, et dans le sens physique IMITER l'exemple.

Le mot EXEMPLE, dans ce dernier sens, signifie le MODÈLE DE DESSIN OU D'ÉCRITURE qu'un maître donne à ses élèves.

C'est l'opinion de Boiste, de Chapsal et de Boinvilliers.

CROYEZ-VOUS QU'IL LE FERA ? — CROYEZ-VOUS QU'IL LE FASSE?

Quand on dit : CROYEZ-VOUS QU'IL LE FERA ? on témoigne par-là qu'on EST PERSUADÉ QU'IL NE LE FERA PAS; c'est comme si l'on disait : est-il possible que vous soyez assez bon pour croire qu'il le fera ?

Si l'on dit, au contraire : CROYEZ-VOUS QU'IL LE FASSE ? on marque par-là qu'on DOUTE véritablement S'IL LE FERA. C'est comme si l'on disait : JE NE SAIS S'IL LE FERA, QU'EN PENSEZ-VOUS ? DITES-MOI LA DESSUS CE QUE VOUS EN PENSEZ.

(Andry de Boisregard.)

Ces réflexions sont une conséquence de ce principe : qu'on emploie l'indicatif, quand on veut affirmer d'une manière directe, positive, indépendante ; et que l'on se sert du subjonctif, quand on veut exprimer l'affirmation d'une manière qui tienne du doute, du souhait, etc.

NE FAIRE QUE PARLER. — NE FAIRE QUE DE PARLER.

La première expression signifie que l'on PARLE TOUJOURS.

IL N'A FAIT QUE PARLER, je n'ai pas eu le temps de placer un mot.

NE FAIRE QUE DE PARLER, c'est avoir à l'instant, fini de dire ce qu'on s'était proposé.

Il NE FAISAIT QUE DE PARLER, lorsque je suis entré.

NE FAIRE QU'ALLER, NE FAIRE QUE D'ALLER, NE FAIRE QUE SORTIR. NE FAIRE QUE DE SORTIR, présentent la même différence.

FER DE CHEVAL. — FER A CHEVAL.

Un FER DE CHEVAL est un fer qu'on met aux pieds d'un cheval.

Un FER A CHEVAL est un ouvrage en demi-cercle, au dehors d'une place. C'est encore un escalier en demi-cercle et à deux rampes.

FERMER LA PORTE SUR QUELQU'UN. — FERMER LA PORTE A QUELQU'UN.

FERMER LA PORTE SUR QUELQU'UN, c'est fermer la porte après que la personne est entrée ou sortie.

Quand nous fûmes entrés, nous FERMAMES LA PORTE SUR NOUS, pour être plus tranquilles.

Si vous sortez le dernier, VOUS FERMEREZ LA PORTE SUR VOUS.

FERMER LA PORTE A QUELQU'UN, c'est la pousser rudement contre lui, dans le temps qu'il se présente pour entrer.

Il signifie encore au figuré ne pas recevoir quelqu'un chez soi.

FIXER.

On fait tous les jours un étrange abus de ce verbe, en l'employant dans le sens de regarder. C'est donc faire une faute que de dire :

J'ai FIXÉ long-temps cette dame, sans pouvoir la reconnaître. Il faut dire : j'ai long-temps REGARDÉ cette dame.

FIXER signifie arrêter, rendre stable.

La louange qu'on nous donne sert au moins à nous FIXER dans la pratique des vertus.

(*La Rochefoucault.*)

OFFICIER DE GÉNIE. — OFFICIER DU GÉNIE.

Un OFFICIER DE GÉNIE est un OFFICIER qui a du talent, de l'esprit.

Un OFFICIER DU GÉNIE est un OFFICIER qui sert dans le GÉNIE. Dans ce sens, on appelle GÉNIE l'art de fortifier, d'attaquer, de défendre une place, un camp, un poste.

Il s'est mis dans le GÉNIE ; il sert dans LE GÉNIE depuis trois ans.

(*Académie.*)

ÊTRE D'HUMEUR. — ÊTRE EN HUMEUR.

ÊTRE D'HUMEUR marque une disposition habituelle qui tient du goût, de l'inclination, du tempérament.

Cet homme n'est pas D'HUMEUR à souffrir une injure.

ÊTRE EN HUMEUR indique une disposition actuelle ou passagère. Il signifie DISPOSÉ A.

Il n'est pas EN HUMEUR de se promener.

Il est EN HUMEUR de plaisanter.

IMPOSER. — EN IMPOSER.

IMPOSER, pris absolument, signifie imprimer du respect, de la crainte.

L'exemple d'un grand prince IMPOSE et se fait suivre,
Lorsque Auguste buvait, la Pologne était ivre.

(*Frédéric.*)

Leur apparence IMPOSE au vulgaire idolâtre.

(*La Fontaine.*)

EN IMPOSER, signifie tromper, mentir, en faire accroire.

Il ne dit pas vrai, ne le croyez pas, il EN IMPOSE.

(*Académie.*)

INFECTER. — INFESTER.

Ces deux verbes ne doivent pas être confondus. INFECTER signifie gâter, communiquer une mauvaise odeur.

Ce marais INFECTE.

Il se dit aussi au figuré, en parlant des choses qui corrompent l'esprit et les mœurs.

Il INFECTE ce pays de sa pernicieuse doctrine.

(*Académie.*)

INFESTER signifie au propre piller, ravager, et au figuré, tourmenter, incommoder.

Les Pirates INFESTAIENT toutes les côtes.

Les rats INFESTENT cette maison.

(*Féraud.*)

INSULTER.

INSULTER avec un complément direct signifie faire insulte.

INSULTER quelqu'un de paroles.

(*Académie.*)

INSULTER suivi de la préposition A signifie manquer aux égards qu'on doit aux personnes ou aux choses.

Il ne faut pas INSULTER aux malheureux.

(*Académie.*)

Les IMITATEURS des passions des Grands INSULTENT à leurs vices, en les imitant.

(*Massillon.*)

LECTEUR, LISEUR. — LECTRICE, LISEUSE.

Quelques personnes croient que LISEUR, LISEUSE, LECTEUR et LECTRICE ne sont pas des mots français, elles ont tort: ces mots se trouvent dans le Dictionnaire de l'Académie.

LISEUR, LISEUSE se disent d'une personne qui lit pour soi.

C'est un LISEUR éternel.

LECTEUR, LECTRICE se disent d'une personne qui lit pour les autres.

On trouve très-peu de bons LECTEURS.

Cette dame est LECTRICE de la Reine.

LISEUR, LISEUSE, se prennent ordinairement en mauvaise part.

Voilà une belle LISEUSE, c'est-à-dire, une personne qui lit mal.

MAJESTÉ.

Faut-il dire :

Votre MAJESTÉ est MAÎTRE ou MAÎTRESSE ?

Quand ce mot est joint à un adjectif ou à un participe, on met cet adjectif ou ce participe au féminin.

VOTRE MAJESTÉ est trop prudente ; VOTRE MAJESTÉ est suppliée.

Mais quand ce mot est joint à des substantifs pris adjectivement, les sentiments sont partagés. Cependant le masculin est plus suivant l'usage. Ainsi, comme on dit SA MAJESTÉ EST LE PÈRE de son peuple, on doit dire SA MAJESTÉ est MAÎTRE de la Franche-Comté.

C'est le sentiment de Féraud et de Lemare.

MALTRAITER. — TRAITER MAL.

MALTRAITER quelqu'un, c'est l'offenser, l'outrager de paroles ou de coups.

Un mari qui MALTRAITE sa femme se rend odieux à tout le monde.

On dit aussi : on est MALTRAITÉ dans cette auberge, pour signifier qu'on y fait mauvaise chère.

TRAITER MAL signifie en agir mal avec quelqu'un.

Un maître qui TRAITE MAL ses domestiques n'est pas mieux servi.

On dit encore : ce chirurgien TRAITE MAL ses malades, c'est-à-dire, ne les panse pas bien.

(Académie.)

MATINIER. — MATINAL. — MATINEUX.

MATINIER signifie qui appartient au matin. Il n'est d'usage que dans cette phrase :

J'ai vu l'étoile MATINIÈRE.

MATINAL signifie qui s'est levé le matin.

La Déesse des bois n'est point si MATINALE.

(La Fontaine.)

MATINEUX, veut dire qui a coutume de se lever matin.

Les femmes ne sont guères MATINEUSES.

(Académie.)

MÉDITER.

MÉDITER a deux acceptions différentes. Quand il signifie mûrir une chose, l'examiner attentivement, avec le désir de s'en pénétrer, il veut le complément direct.

MÉDITEZ long-temps vos ouvrages, avant de les mettre au jour.

MÉDITER veut un complément indirect, quand il signifie réfléchir sur, rêver à.

C'est en quelque sorte, s'entretenir avec la divinité que de MÉDITER SUR ses ouvrages.

MÊLER.

MÊLER AVEC c'est brouiller ensemble plusieurs choses.

MÊLER l'eau AVEC le vin ; MÊLER de l'or AVEC de l'argent.

(Académie.)

MÊLER A signifie JOINDRE, UNIR.

MÊLER la douceur A la sévérité ; MÊLER l'agréable A l'utile.

DIRE UN MENSONGE. — FAIRE UN MENSONGE.

DIRE DES MENSONGES, selon le père Bouhours, c'est rapporter des mensonges dont on n'est pas l'auteur ; au lieu que FAIRE DES MENSONGES indique toujours qu'on en est l'auteur.

L'Académie ne fait aucune différence entre ces deux expressions.

PRENDRE MESURE. — PRENDRE LA MESURE. — PRENDRE SES MESURES.

PRENDRE MESURE OU LA MESURE signifie PRENDRE LES DIMENSIONS DE QUELQUE CHOSE.

PRENDRE LA MESURE D'UN HABIT ; PRENDRE MESURE DU PIED POUR FAIRE DES SOULIERS.

PRENDRE SES MESURES, c'est PRENDRE SES PRÉCAUTIONS, c'est SE METTRE SUR SES GARDES.

J'AI PRIS MES MESURES POUR NE POINT ÊTRE TROMPÉ.

MIDI. — MINUIT.

MIDI et MINUIT sont deux substantifs du genre masculin qui ne s'emploient point au pluriel.

On doit dire : A MIDI PRÉCIS, MINUIT ET DEMI, et non A MIDI PRÉCISE, MINUIT ET DEMIE.

On dit : sur LE MIDI, sur LE MINUIT, et non sur LES MIDI, SUR LES MINUIT.

Que signifie cette locution sur LES UNE HEURE? JE VOUS ATTENDS SUR LES UNE HEURE, J'IRAI VOUS VOIR SUR LES UNE HEURE.

N'est-il pas absurde d'employer un article pluriel avec un nom singulier!

Dites A UNE HEURE OU VERS UNE HEURE.

MONTER A CHEVAL. — MONTER UN CHEVAL.

La première expression se dit, quand on n'a aucun égard à la qualité du cheval. Elle s'emploie d'une manière absolue.

JE MONTAI HIER A CHEVAL POUR ALLER VOIR UN DE MES AMIS.

La seconde expression s'emploie d'une manière relative, c'est-à-dire, en qualifiant le cheval que l'on monte.

CET OFFICIER MONTE UN CHEVAL FOUGUEUX.

MONTER UN JEUNE CHEVAL, MONTER UN CHEVAL BLANC, BRUN, NOIR, etc.

MOUSSEUX. — MOUSSU.

Il ne faut pas confondre ces deux expressions. MOUSSEUX se dit DES LIQUEURS SUR LESQUELLES IL SE FAIT DE LA MOUSSE.

LE VIN DE CHAMPAGNE EST MOUSSEUX.

LA BIÈRE EST MOUSSEUSE.

Moussu signifie QUI EST COUVERT DE MOUSSE.

ARBRE MOUSSU, PIERRE MOUSSUE.

OBSERVER.

OBSERVER A QUELQU'UN n'est pas français.

OBSERVER signifie REMARQUER, CONSIDÉRER ATTENTIVEMENT.

Comme on ne dirait pas : JE VOUS REMARQUE, JE VOUS CONSIDÈRE QUE... on ne peut dire : JE VOUS OBSERVE QUE...

Le verbe *observer* suivi de la préposition A doit toujours être précédé d'un des temps du verbe faire.

On doit dire : JE FAIS OBSERVER A MON AMI, etc. JE FERAI OBSERVER A M. LE PRÉSIDENT.

OUBLIER A LIRE. — OUBLIER DE LIRE.

On dit OUBLIER A, quand on a perdu l'usage, l'habitude de faire une chose que l'on faisait ordinairement, et l'on dit OUBLIER DE, quand il s'agit d'un manque de mémoire.

Ainsi, on OUBLIE A LIRE, en ne lisant pas, et l'on OUBLIE DE LIRE une lettre, un mémoire, un livre, en ne s'en souvenant plus.

J.-J. Rousseau a très-bien saisi cette nuance, lorsqu'il a dit :

JE N'OUBLIERAI JAMAIS D'AVOIR VU PLEURER BEAUCOUP UNE PETITE FILLE QU'ON AVAIT DÉSOLÉE AVEC LA FABLE DU LOUP ET DU CHIEN.[1]

Boileau s'est moins bien exprimé en écrivant :

J'OUBLIAIS A VOUS DIRE QUE LES LIBRAIRES ME PRESSENT FORT DE DONNER UNE NOUVELLE ÉDITION DE MES OEUVRES.

OUTRAGEUX. — OUTRAGEANT.

OUTRAGEUX se dit des personnes et des choses.

C'EST LE PROPRE DES HARENGÈRES D'ÊTRE OUTRAGEUSES EN PAROLES.

(Académie.)

OUTRAGEANT ne se dit que des choses.

IL SE PRÉSENTE TOUJOURS DANS LA VIE QUELQUE AFFAIRE FACHEUSE ET OUTRAGEANTE.

(Académie.)

OUVRAGE D'ESPRIT. — OUVRAGE DE L'ESPRIT.

Un OUVRAGE D'ESPRIT est un OUVRAGE DE LA RAISON POLIE, et DE CETTE FINE INTELLIGENCE QUI DISTINGUE UN HOMME D'UN HOMME.

Les écrits où l'imagination brille, où l'esprit se montre à chaque instant, sont des OUVRAGES D'ESPRIT.

Les poésies de Boufflers, de Delille, d'Andrieux, d'Etienne, de Casimir-Lavigne, sont des OUVRAGES D'ESPRIT.

On entend par OUVRAGE DE L'ESPRIT un OUVRAGE DE LA RAISON ET DE CETTE INTELLIGENCE QUI DISTINGUE L'HOMME DE LA BÊTE.

LES OUVRAGES D'ARISTOTE, DE PASCAL, SONT DES OUVRAGES DE L'ESPRIT.

PARDONNER.

PARDONNER, ayant pour complément un nom de choses, se construit sans préposition.

IL EST DES CRIMES QUE L'ON NE PARDONNE JAMAIS.

PARDONNER ayant pour complément un nom de personnes, demande après lui la préposition A.

IL EST BEAU DE PARDONNER A SES ENNEMIS.

La phrase suivante offre un double exemple de notre observation.

SEIGNEUR, PARDONNEZ-NOUS NOS OFFENSES, COMME NOUS LES PARDONNONS A CEUX QUI NOUS ONT OFFENSÉS.

D'après ce principe, PARDONNER, ayant pour sujet un nom de personne, ne peut être employé au passif.

Au lieu de dire : NOS ENNEMIS ONT ÉTÉ PARDONNÉS, dites : ON A PARDONNÉ A NOS ENNEMIS.

PARDONNABLE et IMPARDONNABLE ne peuvent se dire que des choses. C'est faire une faute que de dire : UN HOMME PARDONNABLE, il faut dire : UN HOMME EXCUSABLE.

PARFAIT, UNIVERSEL, MORTEL, ÉTERNEL, ESSENTIEL, DIVIN, EXCELLENT, SUPRÊME, EXTRÊME.

Tous ces adjectifs expriment des qualités absolues, et ne peuvent conséquemment être susceptibles de modification en plus ni en moins. On fait donc une faute, lorsqu'on dit PLUS PARFAIT, PLUS UNIVERSEL, PLUS MORTEL, PLUS ÉTERNEL, etc.

La phrase suivante qui se trouve dans tous les catéchismes est incorrecte :

LE PATER EST LA PLUS EXCELLENTE DES PRIÈRES.

Il faut dire, EST LA MEILLEURE DES PRIÈRES.

PARLER BIEN FORT. — PARLER FORT BIEN.

La première expression signifie PARLER TRÈS-HAUT.

La seconde expression signifie PARLER D'UNE MANIÈRE PURE, CORRECTE.

PARLER MAL. — MAL PARLER.

PARLER MAL, c'est SE SERVIR D'EXPRESSIONS IMPROPRES.

MAL PARLER, c'est DIRE DES CHOSES CONTRAIRES A L'HONNÊTETÉ ET AUX BIENSÉANCES.

MAL PARLER tombe sur les choses que l'on dit; et PARLER MAL, sur la manière de les dire.

Le premier est contre la morale ; le second, contre la Grammaire.

D'après cela, on dira : IL NE FAUT JAMAIS PARLER MAL, DEVANT LES GRAMMAIRIENS, NI MAL PARLER DES ABSENTS.

CE MOT EST PASSÉ. — CE MOT A PASSÉ.

CE MOT EST PASSÉ signifie que ce mot est VIEUX, QU'IL EST ABOLI, QU'IL N'EST PLUS EN USAGE.

CE MOT A PASSÉ signifie que CE MOT A ÉTÉ INTRODUIT, et QU'IL A COURS DANS LA LANGUE.

CE QUI PLAÎT. — CE QU'IL PLAÎT.

JE FAIS CE QUI ME PLAÎT, signifie JE FAIS CE QUI M'EST AGRÉABLE.

JE FAIS CE QU'IL ME PLAÎT signifie JE FAIS MA VOLONTÉ.

Ainsi, en préférant des devoirs pénibles à mes plaisirs, JE FAIS CE QU'IL ME PLAÎT, ET JE NE FAIS PAS CE QUI ME PLAÎT.

(Marmontel.)

SE PLAINDRE QUE. — SE PLAINDRE DE CE QUE.

SE PLAINDRE DE CE QUE suppose un sujet de plainte.

SE PLAINDRE QUE n'en suppose point : ainsi, il faut dire à une personne que l'on n'a pas trompée :

VOUS AVEZ TORT DE VOUS PLAINDRE QUE JE VOUS AI TROMPÉE.

Si vous disiez :

VOUS AVEZ TORT DE VOUS PLAINDRE DE CE QUE JE VOUS AI TROMPÉE, ce serait avouer que vous avez trompé.

FAIRE UN PLAN. — LEVER UN PLAN.

FAIRE UN PLAN, c'est TRACER EN PETIT SUR DU PAPIER, DU CARTON OU SUR AUTRE CHOSE, LES ANGLES ET LES LIGNES DONT ON A PRIS LES DIMENSIONS.

LEVER UN PLAN signifie TRAVAILLER SUR LE TERRAIN, ET MESURER DES LIGNES DONT ON A ÉCRIT LES DIMENSIONS.

PLIER. — PLOYER.

PLIER se dit des choses qui peuvent avoir des plis.

PLIER UNE SERVIETTE, PLIER UN MOUCHOIR, PLIER UNE LETTRE.

PLOYER signifie COURBER, FLÉCHIR.

PLOYER UNE BARRE DE FER, PLOYER UNE BRANCHE D'ARBRE.

Au figuré, ces deux verbes s'emploient dans le sens d'assujettir, de soumettre.

Tu dois à ton état PLIER ton caractère.

(Racine.)

C'est lui qui devant moi refusait de PLOYER.

(Le même.)

PRÉSIDER.

PRÉSIDER signifiant ÊTRE A LA TÊTE demande un complément indirect.

CÉRÈS PRÉSIDE AUX MOISSONS.

PRÉSIDER pris dans le sens DE FAIRE LES FONCTIONS DE PRÉSIDENT veut un complément direct.

LE CÉLÈBRE BAILLY PRÉSIDAIT L'ASSEMBLÉE CONSTITUANTE, LE JOUR OÙ FUT DÉCRÉTÉ LE SERMENT DU JEU DE PAUME.

PRIER A DINER. — PRIER DE DINER.

La première expression marque UN DESSEIN PRÉMÉDITÉ, comme lorsque nous envoyons prier quelqu'un de venir dîner chez nous, ou que nous l'en prions nous-mêmes.

La seconde est un TERME DE RENCONTRE ET D'OCCASION, comme lorsque nous faisons cette prière à quelqu'un qui est chez nous.

Ainsi PRIER DE DINER est UNE INVITATION FORTUITE, et PRIER A DINER est UNE INVITATION DE CÉRÉMONIE.

INVITER suppose encore plus d'appareil que ces deux expressions.

SE RAPPELER.

SE RAPPELER veut un complément direct. Ainsi au lieu de dire: JE ME RAPPELLE DE CETTE HISTOIRE, il faut dire: JE ME RAPPELLE CETTE HISTOIRE, c'est-à-dire, JE RAPPELLE A MOI CETTE HISTOIRE.

Il est bien peu de personnes qui ne fassent cette faute.

Devant un infinitif, le verbe SE RAPPELER veut la préposition DE.

JE ME RAPPELLE D'ÊTRE SORTI.

(Académie.)

RECOUVRÉ. — RECOUVERT.

On confond souvent les participes de ces deux verbes. Les enfants surtout disent RECOUVRÉ pour RECOUVERT, et RECOUVERT pour RECOUVRÉ.

RECOUVRER signifie rentrer en possession, et RECOUVRIR signifie couvrir une seconde fois, de nouveau.

RÉFLÉCHIR.

RÉFLÉCHIR veut un complément direct, lorsqu'il signifie RENVOYER, REPOUSSER.

Ce mur RÉFLÉCHIT la lumière.

L'onde calme RÉFLÉCHISSAIT l'image de la lune.

RÉFLÉCHIR veut le complément indirect, quand il signifie FAIRE RÉFLEXION.

RÉFLÉCHISSEZ A ce que je vous ai dit.

ALLER A LA RENCONTRE DE QUELQU'UN. — ALLER AU DEVANT DE QUELQU'UN.

La première expression réveille une idée de familiarité.

Aller A LA RENCONTRE d'un ami.

La seconde expression indique une idée de respect.

ALLER AU DEVANT du roi.

Prends cette lettre, cours au DEVANT DE LA REINE.

(Racine.)

RÉTABLIR LE DÉSORDRE.

Cette expression est incorrecte. Ce n'est pas le désordre qu'on rétablit, c'est l'ordre. Vaugelas aurait donc dû dire :

Avec un renfort considérable, il marcha pour RETABLIR L'ORDRE, et non pour RETABLIR LE DÉSORDRE.

C'est ainsi que décida l'Académie dans ses observations sur le Cid.

RUSTAUD. — RUSTRE.

C'est FAUTE D'ÉDUCATION, FAUTE D'USAGE qu'on est RUSTAUD; c'est PAR HUMEUR et PAR RUDESSE DE CARACTÈRE qu'on est RUSTRE.

Un gras, un franc paysan, a l'air RUSTAUD, la mine RUSTAUDE.

Un homme farouche et bourru a l'air RUSTRE, la mine RUSTRE.

SAIGNER DU NEZ. — SAIGNER AU NEZ.

SAIGNER est actif et neutre. Actif, il a un complément direct; neutre, il a un complément indirect.

Ne dites pas : LE NEZ ME SAIGNE, parce que le nez ne peut saigner personne.

Un gascon disait un jour devant quelques personnes : LE NEZ ME SAIGNE. Depuis quand votre nez est-il chirurgien ? lui demanda-t-on.

On doit dire au propre comme au figuré :

JE SAIGNE DU NEZ.

Cependant, lorsqu'on s'est fait une égratignure, et que le nez saigne, ne pourrait-on pas dire : JE SAIGNE AU NEZ, comme on dit : JE SAIGNE AU DOIGT, AU PIED, et A TOUTE AUTRE PARTIE DU CORPS? Par là, on distinguerait ce cas de celui où le sang sort du nez naturellement, ou par suite de quelque accident.

SAGEMENT. — AVEC SAGESSE.

Quand il s'agit, dit Beauzée, de mettre un acte en opposition avec l'habitude, l'adverbe est plus propre à marquer l'habitude, et la phrase adverbiale à indiquer l'acte.

Un homme qui se conduit SAGEMENT ne peut pas se promettre que toutes ses actions seront faites AVEC SAGESSE.

Ainsi, l'on dira: cet homme se conduit SAGEMENT, DÉCEMMENT, PRUDEMMENT, s'il est question de l'habitude, et il se conduit AVEC SAGESSE, AVEC DÉCENCE, AVEC PRUDENCE, si l'on veut seulement désigner un acte, une circonstance.

SECOND. — DEUXIÈME.

SECOND et DEUXIÈME sont l'un et l'autre des adjectifs numéraux. A l'idée de nombre, le mot DEUXIÈME ajoute celle de série.

On emploie SECOND et pour des objets qui ne s'élèvent pas au-dessus de deux, et pour des objets qui s'élèvent au-dessus de ce nombre. On dira tome PREMIER, tome SECOND, d'un ouvrage qui n'a que deux tomes, et tome PREMIER, tome SECOND, tome TROISIÈME, d'un ouvrage qui en a plus de deux.

Au contraire DEUXIÈME s'emploie pour des objets qui s'élèvent au-dessus du nombre DEUX, comme PREMIER, DEUXIÈME, TROISIÈME; mais si les objets ne s'élèvent pas au-dessus de DEUX, il faut dire PREMIER, SECOND, et non PREMIER, DEUXIÈME.

SANS DESSUS DESSOUS. — SENS DESSUS DESSOUS.

Vaugelas, l'Académie sur Vaugelas, Chapelain et Thomas Corneille voulaient qu'on écrivît SANS par un A, parce que, disaient-ils, cela signifie que la confusion est telle dans la chose dont on parle, et l'ordre tellement renversé qu'on n'y reconnaît plus ce qui devait être dessus ou dessous.

Ménage combat cette raison, en disant que SENS est un vieux mot gaulois qui signifie côté, comme dans cette phrase : TOURNEZ-VOUS D'UN AUTRE SENS, c'est-à-dire, TOURNEZ-VOUS D'UN AUTRE CÔTÉ, et alors SENS DESSUS DESSOUS signifie que quand la chose est renversée, ce qui était au côté d'en haut se trouve au-dessous. En effet, ajoute-t-il, un coffre renversé SENS DESSUS DESSOUS ne peut signifier qu'il n'a ni DESSUS ni DESSOUS, puisqu'il est certain qu'il a un nouveau DESSOUS qui était DESSUS.

Tous les Dictionnaires et toutes les Grammaires ont adopté, aujourd'hui, l'orthographe de Ménage.

SANS DESSUS DESSOUS est un barbarisme.

SERVIR DE RIEN. — SERVIR A RIEN.

CE QUI NE SERT DE RIEN est LIBRE DE TOUT SERVICE. CE QUI NE SERT A RIEN, AUJOURD'HUI, peut SERVIR DEMAIN A QUELQUE CHOSE.

La première expression éveille L'IDÉE D'UNE NULLITÉ ABSOLUE; la seconde, D'UNE NULLITÉ RELATIVE, MOMENTANÉE.

Nous eûmes beau pleurer, nos larmes DE SERVIRENT DE RIEN.

(Florian.)

Il met toute sa gloire et son souverain bien,
A grossir un trésor qui ne lui SERT A RIEN.

(Boileau.)

SOURD-MUET. — SOURD ET MUET.

La dénomination de SOURD-MUET désigne un individu MUET en même temps qu'il est SOURD, mais chez lequel le mutisme n'est qu'une conséquence de la surdité.

La dénomination de SOURD ET MUET désigne un individu MUET en même temps qu'il est SOURD, mais chez lequel le mutisme est indépendant de la surdité.

Le SOURD ET MUET est affligé de deux infirmités distinctes; le SOURD-MUET a bien les deux mêmes infirmités, mais la seconde n'est qu'une suite de la première.

D'après ces définitions, on doit dire :

L'Institution des SOURDS-MUETS, et non l'Institution des SOURDS ET MUETS.

SE SOUVENIR. — SE RESSOUVENIR.

Selon Vaugelas, SE SOUVENIR se dit en parlant DES CHOSES qu'on peut encore appeler PRÉSENTES, et SE RESSOUVENIR, en parlant DES CHOSES qui sont ÉLOIGNÉES.

Les auteurs emploient indifféremment ces deux expressions l'une pour l'autre.

SUCCOMBER.

Succomber suivi de la préposition sous signifie PLIER SOUS.

SUCCOMBER sous le poids, SUCCOMBER sous les coups.

Et au figuré :

SUCCOMBER sous le faix des affaires, SUCCOMBER sous le travail.

(Académie.)

Succomber suivi de la préposition A signifie SE LAISSER ALLER A, CÉDER A.

SUCCOMBER A la douleur, SUCCOMBER A la tentation.

(Académie.)

DE SUITE. — TOUT DE SUITE.

DE SUITE signifie SANS INTERRUPTION, L'UN APRÈS L'AUTRE.

J'ai écrit quatre lettres DE SUITE, cet homme ne sait pas dire deux mots DE SUITE.

DE SUITE se dit aussi DE L'ORDRE DANS LEQUEL LES CHOSES SONT OU DOIVENT ÊTRE RANGÉES.

Il faudrait placer DE SUITE toutes les médailles qui appartiennent au siècle de Tibère.

TOUT DE SUITE signifie INCONTINENT, SUR LE CHAMP.

Il convient que les enfants obéissent ponctuellement, et TOUT DE SUITE.

Envoyez chercher TOUT DE SUITE le plus habile médecin.

SUPPLÉER UNE CHOSE. — SUPPLÉER A UNE CHOSE.

SUPPLÉER UNE CHOSE, c'est AJOUTER EN OBJETS DE MÊME NATURE CE QUI MANQUE.

Ce sac doit être de mille francs, s'il y a cent francs de moins, je LES SUPPLÉERAI.

(Académie.)

SUPPLÉER A UNE CHOSE, c'est EN TENIR LIEU, EN FOURNIR L'ÉQUIVALENT.

La valeur SUPPLÉE AU NOMBRE.

(Académie.)

On dit SUPPLÉER QUELQU'UN, en TENIR LA PLACE, LE REPRÉSENTER, mais on ne dit jamais SUPPLÉER A QUELQU'UN.

TÉMOIN.

A TÉMOIN, et TÉMOIN placés au commencement ou à la fin d'une phrase, sont pris adverbialement, et restent conséquemment invariables.

Je prends le ciel et les hommes A TÉMOIN.

TÉMOIN les victoires qu'il a remportées.

(Académie.)

POUR TÉMOIN, au contraire, prend le nombre du mot auquel il se rapporte.

Messieurs, je vous prends POUR TÉMOINS.

TOMBER A TERRE. — TOMBER PAR TERRE.

TOMBER A TERRE se dit DE CE QUI ÉTANT ÉLEVÉ AU-DESSUS DE LA TERRE, TOMBE DE HAUT.

Ce couvreur est TOMBÉ A TERRE du haut de la maison où il travaillait.

TOMBER PAR TERRE se dit DE CE QUI TOUCHAIT DÉJA A TERRE, TOMBE DE SA HAUTEUR.

Cet homme en passant dans la rue, EST TOMBÉ PAR TERRE.

Un arbre TOMBE PAR TERRE, les fruits de l'arbre TOMBENT A TERRE.

TOME. — VOLUME.

Le VOLUME peut contenir PLUSIEURS TOMES; le TOME ne peut faire PLUSIEURS VOLUMES. La reliûre sépare les VOLUMES et la division de l'ouvrage distingue les TOMES.

Un dictionnaire peut former PLUSIEURS VOLUMES, mais non pas PLUSIEURS TOMES.

Il ne faut pas juger de la science de l'auteur par la grosseur du VOLUME.

Il y a beaucoup d'ouvrages en plusieurs TOMES qui seraient meilleurs s'ils étaient réduits en un seul.

TOUCHER.

TOUCHER, signifiant BATTRE, FRAPPER, RECEVOIR, ÉMOUVOIR, EFFLEURER, METTRE LÉGÈREMENT SA MAIN SUR, CONCERNER, veut le complément direct.

Ne TOUCHEZ pas CES OBJETS; ce prédicateur NOUS A vivement TOUCHÉS; cette loi TOUCHE TOUT LE MONDE.

TOUCHER signifiant ATTEINDRE AVEC EFFORT, ÊTRE PROCHE, PORTER LA MAIN SUR QUELQUE CHOSE, veut le complément indirect.

Nous TOUCHONS bientôt AU TERME de nos travaux; le vaisseau TOUCHAIT AU PORT, quand il s'éleva une tempête violente.

TOUS LES DEUX. — TOUS DEUX

Il y a cette différence entre TOUS DEUX et TOUS LES DEUX, que TOUS DEUX se dit DE DEUX PERSONNES RÉUNIES, et indique toujours UNE IDÉE D'ENSEMBLE; au lieu que la seconde expression, quoique indiquant, comme la première, le nombre DEUX, n'exprime aucune IDÉE DE SIMULTANÉITÉ.

Ainsi l'on dira de deux amis:

On les voit toujours TOUS DEUX à la promenade.

Pour signifier qu'ils sont toujours ensemble, qu'ils ne se quittent pas; et de deux autres personnes dont on ne veut pas marquer l'union :

On les a vues hier TOUTES LES DEUX à la promenade.

La première expression peut se rendre par L'UN AVEC L'AUTRE; la seconde signifie seulement L'UN ET L'AUTRE.

TOUT-A-COUP. — TOUT D'UN COUP.

TOUT-A-COUP signifie SOUDAINEMENT, EN UN MOMENT.

IL DISPARUT TOUT-A-COUP. IL ÉTAIT PAUVRE, UNE SUCCESSION IMPRÉVUE L'A RENDU TOUT-A-COUP RICHE.

TOUT D'UN COUP signifie EN UNE FOIS, EN MÊME TEMPS.

PERSONNE NE DEVIENT SCÉLÉRAT TOUT D'UN COUP. LES ENFANTS boivent RAREMENT TOUT D'UN COUP LA MÉDECINE QU'ON LEUR PRÉSENTE.

SE MAL TROUVER. — SE TROUVER MAL.

SE MAL TROUVER signifie NE PAS AVOIR SES COMMODITÉS, ÊTRE GÊNÉ.

CETTE DAME S'EST MAL TROUVÉE DANS CETTE VOITURE.

SE TROUVER MAL signifie TOMBER EN DÉFAILLANCE, EN FAIBLESSE, S'ÉVANOUIR.

IL SE TROUVE MAL TOUTES LES FOIS QU'ON LE SAIGNE.

TROUVER A DIRE. — TROUVER A REDIRE.

TROUVER A DIRE, se dit quand il s'AGIT D'UNE CHOSE QU'ON NE TROUVE PAS O D'UNE PERSONNE QU'ON REGRETTE.

J'AI TROUVÉ CENT ÉCUS A DIRE DANS MA CASSETTE.

C'EST UN HOMME AGRÉABLE, ET ON LE TROUVE A DIRE ICI.

TROUVER A REDIRE signifie REPRENDRE, CENSURER, CRITIQUER.

Un esprit contrariant TROUVE A REDIRE à tout.

Est-ce qu'à mon sonnet VOUS TROUVEZ A REDIRE?

(Molière.)

VAINCRE.

SE LAISSER VAINCRE PAR LA PITIÉ, PAR LES RAISONS.

Cette expression n'est pas française. Il faut dire:

SE LAISSER VAINCRE A LA PITIÉ, A DES RAISONS.

C'est ainsi que l'a décidé l'Académie.

LE VOILA QUI VIENT. — LE VOILA QU'IL VIENT.

On doit dire LE VOILA QUI VIENT, LA VOYEZ-VOUS QUI VIENT? et non LE VOILA QU'IL VIENT, LA VOYEZ-VOUS QU'ELLE VIENT?

Parce que dans les deux premières phrases QUI est relatif à LE et à LA qui est avant.

En effet, en les analysant, nous aurons: VOIS LA LUI QUI VIENT; VOYEZ-VOUS ELLE QUI VIENT?

Dans les autres manières de parler, nous aurions: VOIS LA QUE IL VIENT; VOYEZ-VOUS ELLE QUE ELLE VIENT, ce qui est absurde.

Si le pronom relatif n'est plus dans la phrase, on se sert de QUE, et l'on dit VOICI QU'IL VIENT, VOILA QUE L'ON SONNE, ce qui signifie: VOIS ICI CECI, IL VIENT; VOIS LA CECI, ON SONNE.

FAIRE VISITE. — RENDRE VISITE.

Plusieurs personnes confondent journellement ces deux expressions, et disent RENDRE VISITE pour FAIRE VISITE. Lorsqu'on va pour la première fois chez quelqu'un, ou lorsqu'on y retourne sans que la personne soit venue chez vous, on VA FAIRE VISITE.

J'IRAI DEMAIN FAIRE VISITE, FAIRE UNE VISITE A M. LE PRÉFET QUI EST REVENU DE PARIS.

Mais si la personne vous avait prévenu par une visite, si elle vous avait fait une visite, et qu'ensuite vous allassiez la voir à votre tour, alors vous RENDRIEZ VISITE.

JE N'AI POINT ENCORE RENDU VISITE A CE JEUNE HOMME QUI VIENT ME VOIR POUR LA TROISIÈME FOIS.

FIN.

TABLE DES MATIÈRES.

www.ingramcontent.com/pod-product-compliance
Ingram Content Group UK Ltd.
Pitfield, Milton Keynes, MK11 3LW, UK
UKHW020338230726
13925UKWH00003B/857